Eugénie Bastié

LA GUERRE DES IDÉES

Enquête au cœur de l'intelligentsia française

Robert Laffont

ISBN 978-2-221-25294-9
Dépôt légal : mars 2021
Éditions Robert Laffont – 92, avenue de France 75013 Paris

Des intellectuels, pour quoi faire ?

« On est bien là, non ? » lance le président de la République devant un parterre à moitié endormi. Nous sommes le 20 mars 2019, il est 2 h 30 du matin, et, sous les ors de la salle des fêtes de l'Élysée, cela fait près de huit heures qu'Emmanuel Macron « débat » avec des intellectuels. Les cadavres de bouteilles en plastique et de tasses de café traînent sur les tables blanches où sommeillent des académiciens et des économistes hagards. Derrière le président de la République, le climatologue Jean Jouzel et l'historien Michel Wieviorka ont les paupières qui tombent.

Trois jours après le saccage des Champs-Élysées par des Gilets jaunes, où le Fouquet's était parti en fumée, soixante-sept mandarins de la pensée étaient conviés à débattre de la crise en cours et invités à « donner [leur] part de vérité » pour identifier les sources du « malheur français ». Le bal est ouvert par Pascal Bruckner. L'écrivain, en orfèvre de la formule qui fait mouche, prend la parole pour qualifier la révolte des Gilets jaunes de « coup d'État au ralenti » décrit comme « anarcho-fasciste ». Xavier Darcos, académicien et ancien ministre de l'Éducation nationale, grommelle et trépigne : cela fait des heures qu'il est là et on ne lui passe pas la parole ! Des plateaux-repas sont servis aux clercs épuisés. À 23 heures, Réjane Sénac, spécialiste du féminisme, prend la parole, lunettes noires sur le nez (est-elle éblouie par les lustres de l'Élysée ?) pour se lancer dans un long plaidoyer sur l'égalité hommes-femmes. Guillaume Erner, qui anime le débat pour France Culture, se retient de bâiller. Un tunnel de questions-réponses s'étire jusqu'au bout de la nuit. Alors que les intellos ont deux minutes chacun pour s'exprimer, le président enchaîne les monologues. Pâlots, défaits, cernés, les universitaires, souvent âgés, n'en peuvent plus : mais le fringant président est intraitable. « Je pense que les intellectuels ont cette responsabilité, car ils ont une autorité dans la société, qui est académique : ils savent plus de choses, et ils ont lu plus de livres. »

Le bilan de cette consultation interminable est décevant. Les invités se sont sentis humiliés par un président ivre de sa propre parole. « Uniquement organisé entre les intellos, d'une part, et le président, de l'autre (et non entre les intellos eux-mêmes), l'échange fut une pure et simple juxtaposition de points de vue et non un échange d'argumentations », racontera le président du Collège de philosophie Pierre-Henri Tavoillot.

« La guerre civile, c'est une conversation qui tourne mal », écrit Jacques Julliard[1] : alors que, dehors, les Gilets jaunes faisaient trembler le parti de l'Ordre, au « château », la conversation tant espérée n'a pas eu lieu.

1. Jacques Julliard, « Contre la guerre civile », *Le Figaro*, 1er décembre 2019.

Cette scène surréaliste entre un panel improbable de « penseurs de métier » (Nizan) et le président de la République est typiquement française. Il n'y a qu'en France que les intellectuels constituent une caste à part, une puissance à séduire, à convoquer ou à consulter. En France, patrie de l'universel, les idées ont un pouvoir particulier : elles animent et envoûtent le débat public plus que les faits. Dans le pays de Descartes et de la *tabula rasa*, le démon de la théorie aime à se déchaîner avant même que l'Histoire ait terminé sa tirade : la chouette de Minerve y décolle avant le crépuscule.

Ce rôle si particulier de l'intellectuel remonte à très loin, et on pourrait rappeler avec l'historien Jonathan Israel[1] le rôle déterminant des idées des philosophes des Lumières dans la Révolution française. Tocqueville remarquait déjà que la France, étant « de toutes les nations de la terre, la plus lettrée et la plus amoureuse du bel esprit, on comprendra sans peine comment les écrivains y devinrent une puissance politique et finirent par y être la première ».

On connaît bien l'origine du terme « intellectuel » : il naît en 1898 lors de l'affaire Dreyfus. Dans *L'Aurore*, une série de personnalités, parmi lesquelles Émile Zola, Marcel Proust, Anatole France et Léon Blum, signent un manifeste en faveur de l'officier déchu. En réponse, dans *Le Journal*, l'écrivain nationaliste Maurice Barrès installe le substantif « intellectuel » pour dénigrer « tous ces aristocrates de la pensée [qui] tiennent à afficher qu'ils ne

1. Les références des ouvrages cités se trouvent dans la bibliographie, page 289.

pensent pas comme la vile foule». «Intellectuel» naît donc comme une insulte. «Qui ne voudrait en être?» ricane Maurice Barrès, qui se moque de ces belles âmes, accusées de constituer une caste à part, déconnectée des préoccupations réelles de la population. Déjà, les termes du débat sont posés : d'un côté l'intellectuel, catégorie sociale qui se distingue du simple savant en ce qu'il décide d'intervenir dans la cité au service d'une cause; de l'autre, l'anti-intellectualisme qui s'appuie sur un refus de l'abstraction et de l'universel au nom du sens commun et de l'intérêt du peuple.

Dans *Le Pouvoir intellectuel en France*, Régis Debray distingue trois âges de la vie intellectuelle dans notre pays. Le cycle universitaire (1880-1930), qui voit lors de l'affaire Dreyfus le triomphe des universitaires et la défaite des écrivains (la Sorbonne contre l'Académie française), la victoire de la basse intelligentsia sur la haute, de la méritocratie sur l'aristocratie de l'esprit. Puis le cycle éditorial (1920-1960), où l'on assiste à la multiplication des maisons d'édition et à la montée en flèche exponentielle des publications. Enfin, le cycle médiatique, ouvert en mai 1968 («pour la première fois, les médias font l'Histoire en direct»), où naît la figure de l'intellectuel médiatique. Le pouvoir intellectuel, c'est-à-dire la capacité de peser sur la société par la diffusion d'idées, est passé des mains des prêtres à celles des professeurs, puis des écrivains, et enfin des journalistes. «Les *mass media* ont fait sauter les clôtures de l'intelligentsia traditionnelle, et avec elles, ses normes d'appréciation et ses barèmes de valeur. Cette massification s'est logiquement accompagnée d'une atomisation des intellectuels», écrit Debray. On pourrait ajouter à ces trois âges un quatrième : l'âge numérique, ou celui de l'*hypersphère* (Debray) qui se caractérise par l'horizontalité totale d'un débat public auquel chacun, désormais, participe, et la défiance envers toute médiation, accélérées par l'essor d'Internet et des réseaux sociaux. «Les réseaux sociaux ont bouleversé les conditions de la conversation nationale», estime ainsi le politologue Christian Salmon dans *L'Ère du clash*, où il décrit la polarisation extrême du débat public avec l'Internet. À l'âge du *tweet*, du *like*, du *follow*, l'intellectuel peut-il encore avoir un rôle ?

Péguy, Sartre, Foucault : trois conceptions du rôle de l'intellectuel

Mais qu'est-ce, au juste, qu'un intellectuel ? Il faut d'abord rappeler qu'«intellectuel engagé» est un pléonasme. Par définition, l'intellectuel est celui qui sort de sa discipline pour intervenir dans la cité. Il ne peut donc être réduit à l'espace étriqué de ceux qui exercent une profession académique. Tous les savants ne sont pas des intellectuels, tous les intellectuels ne sont pas des universitaires. Je retiendrai pour orienter ma réflexion dans ces pages l'excellente définition de Sartre : l'intellectuel est «un homme qui se mêle de ce qui ne le regarde pas», écrit-il dans *Plaidoyer pour les intellectuels*. «L'écrivain est en situation dans son époque : chaque parole a des retentissements. Chaque silence aussi. Je tiens Flaubert et Goncourt pour responsables de la répression qui suivit la Commune parce qu'ils n'ont pas écrit une ligne pour l'empêcher. Ce n'était pas leur affaire, dira-t-on. Mais le procès de Calas, était-ce l'affaire de Voltaire? La condamnation de Dreyfus, était-ce l'affaire de Zola? L'administration du Congo, était-ce l'affaire de Gide? Chacun de ces auteurs, en une circonstance particulière de sa vie, a mesuré sa responsabilité d'écrivain[1].» Sartre a hélas dévoyé cette posture de l'intellectuel engagé en confondant parti pris pour une cause et soumission à une doxa, abdiquant la recherche de la vérité au nom de la poursuite idéologique du Bien.

Cette conception, de Voltaire à Sartre en passant par Nizan[2], de l'intellectuel comme quelqu'un usant de sa position pour prendre parti, pour une cause, est celle qui a longtemps prévalu à gauche. Elle bat aujourd'hui de l'aile : concurrencé par l'expert et le bateleur de plateaux télé, l'intellectuel généraliste combinant art de la synthèse, légitimité académique, et militantisme se fait de plus en plus rare, à gauche du moins.

Il en est une autre qui prévaut davantage. C'est celle de l'«intellectuel spécifique», théorisée par Michel Foucault, en opposition à l'intellectuel prophétique, la grande conscience parlant au nom de principes universels. «Être intellectuel, c'était être un peu la conscience de tous», mais désormais, écrit Foucault, «les intellectuels ont pris l'habitude de travailler non pas dans l'universel, l'exemplaire, le juste-et-le-vrai-pour-tous, mais

1. Jean Paul Sartre *in Les Temps modernes*, n° 1, 1945.

2. Paul Nizan, «Que font les penseurs de métier au milieu de ces ébranlements? Ils gardent encore leur silence. Ils n'avertissent pas. Ils ne dénoncent pas», *in Les Chiens de garde*, Agone, 2012.

dans des secteurs déterminés, en des points précis où les situaient soit leurs conditions de travail, soit leurs conditions de vie. [...] C'est ce que j'appellerais l'intellectuel spécifique par opposition à l'intellectuel universel». C'est désormais cette figure qui domine à gauche, tandis que la droite s'est emparée de la figure de l'intellectuel universel et lui a donné une seconde jeunesse.

Depuis la Révolution française, le rôle de l'intellectuel avait surtout été pensé par la gauche, la droite s'en détournant soit par réalisme et dégoût des abstractions (Barrès pendant l'affaire Dreyfus), soit par esthétisme et refus d'une littérature engagée (les Hussards pendant les années 1950-1960[1]). Cela ne signifie pas évidemment que la droite n'a pas eu de penseurs : de la contre-Révolution aux non-conformistes des années 1930, en passant par l'Action française et les grands libéraux du XIXe, elle a produit une contre-offre féconde aux idéologies de la gauche, mais n'a jamais souscrit entièrement à la figure tutélaire de l'intellectuel engagé guidant les masses vers l'émancipation. Pourtant, il existe une figure de l'intellectuel engagé, sinon de droite, du moins conservateur : c'est celle de Péguy. Le normalien, critique sévère du «parti intellectuel» qui régnait à la Sorbonne, développait sa pensée dans *Les Cahiers de la quinzaine*, réagissant à l'actualité, déroulant sa pensée à partir de l'événement, selon sa célèbre maxime, abondamment

1. Le chef de file des Hussards, Jacques Laurent, a beaucoup critiqué le roman engagé sartrien et posé les codes d'une littérature dégagée du militantisme. Cependant, cela ne l'a pas empêché de prendre parti pour l'Algérie française, et il a même été condamné pour offense au chef de l'État.

citée : « Il faut toujours dire ce que l'on voit ; surtout il faut toujours, ce qui est plus difficile, voir ce que l'on voit. » Pour Péguy, le véritable intellectuel est celui qui pense le présent et refuse l'esprit de système. Il reproche aux clercs de s'enferrer dans l'idéologie et de calcifier les intuitions de l'esprit (la mystique) dans un corporatisme de la pensée. Cette conception sera aussi celle de Raymond Aron en quelque sorte, qui définira l'intellectuel comme un « spectateur engagé » et reprochera à Sartre de confondre le bien et le vrai : « Sartre était un moraliste. Il ne pouvait pas admettre que mes prises de position, peut-être erronées, ne fussent pas coupables. »

Ces trois figures de l'intellectuel, l'engagé sartrien, le spécifique foucaldien, et le penseur du présent péguysto-aronien coexistent aujourd'hui dans le débat public. Qu'il pétitionne, qu'il débatte sur une chaîne d'info en continu ou à l'université, l'intellectuel intervient toujours en France dans le débat d'idées. Reste à savoir si sa parole est démonétisée ou si elle pèse encore. Il semble que oui.

Le retour des idées

Comme l'a montré François Dosse dans sa remarquable *Saga des intellectuels français*, la figure de l'intellectuel prophétique, née pendant l'affaire Dreyfus, était réapparue en France après la Seconde Guerre mondiale : c'est le triomphe des communistes et de leurs compagnons de route à Saint-Germain-des-Prés, puis des structuralistes à l'université, dans les années 1970.

Cette figure disparaît en 1989 avec la chute de l'URSS et l'anéantissement de l'alternative au capitalisme mondialisé. Dès lors, la fin de l'Histoire pouvait s'établir sous le règne pacifique du droit et du marché. Ce n'était plus aux idées de gouverner le monde, mais à la main invisible sous l'empire bienveillant de la concurrence libre et non faussée et des droits de l'homme universels. L'intelligentsia, alors hégémoniquement de gauche, se trouvait les bras ballants devant l'effondrement des utopies qu'elle avait portées au pouvoir. Cela a occasionné, pendant les années 1990, le triomphe du libéralisme politique et économique, et certains s'aventurèrent même à pronostiquer une hypothétique « fin de l'Histoire ». Mais, en 2001, la grande hache de l'Histoire s'est à nouveau abattue sur le monde, sous la forme d'avions s'écrasant sur les tours jumelles à New York. Comme l'écrivait Jean Baudrillard : « Tout au long de cette stagnation des années 1990, c'était la "grève des événements". Eh bien, la grève est terminée. Les événements ont cessé de faire grève[1]. » Les idées, aussi. Après le consensus libéral des années 1980-1990, à l'orée du XXIe siècle, on assiste au retour de l'« agonisme », selon l'expression de la philosophe Chantal Mouffe qui désigne une bataille pour l'hégémonie dans laquelle les adversaires font valoir des visions du monde inconciliables.

En France, en 2002, l'historien Daniel Lindenberg publie *Le Rappel à l'ordre. Enquête sur les nouveaux réactionnaires*, où il dresse la liste des intellectuels

1. Jean Baudrillard, « L'Esprit du terrorisme », *Le Monde*, 3 novembre 2001.

ayant selon lui «dérivé» vers la droite. L'historien élargit le compas du «cordon sanitaire» jusque-là réservé aux penseurs de l'extrême droite au nom de l'antifascisme, et l'étend à certaines personnalités de gauche. Ce livre consacre le retour d'une vie des idées conflictuelle, où certains points de vue ne sont pas dignes d'être débattus, mais doivent être combattus. Il inaugure la reprise des hostilités. Depuis, elles n'ont pas cessé. Crise financière, attentats islamistes, poussée migratoire, montée des populismes et des politiques identitaires. Les positions se sont durcies, les clans se sont reformés, les empoignades se sont multipliées sur des sujets aussi brûlants que l'identité, la laïcité, l'islam, le terrorisme, la bioéthique, le féminisme. Nous vivons le retour de l'Histoire et, avec lui, celui des intellectuels. Les idées gouvernent à nouveau le monde.

C'est cette nouvelle ère que nous vivons et que je veux décrire.

Journaliste aux pages Débats et Opinions du *Figaro*, j'ai la chance de suivre de très près les remous de la vie intellectuelle française. Mon terrain, ce sont les idées, mes faits, ce sont les livres, et mes interlocuteurs, ce sont les intellectuels que j'interviewe chaque semaine dans mon journal. J'ai de l'intérêt, de l'admiration, et parfois une véritable amitié pour ces étranges personnages. Je les aime, malgré leurs manies, leur ego, leurs systèmes où ils aiment à faire entrer le réel au forceps, parce qu'ils constituent une part originale de notre génie national.

La vie intellectuelle, c'était mieux avant ? On entend ce lamento monter non pas chez les habituels déclinistes de droite, mais parmi les universitaires de gauche, qui déplorent un affaissement de la vie des idées transformée en machine à clash et à cash sous le double empire de l'audience et de la polarisation. Avec le tapage médiatique, nos intellectuels contemporains n'auraient plus rien à voir avec les heures de gloire des années 1960-1970. Au temps de Zemmour et d'Onfray, les mandarins pleurent le bon vieux temps où Barthes et Foucault régnaient en maîtres. Face à ce déclinisme, je crois qu'au contraire les nouveaux clivages apparus depuis les années 2000 ont restimulé une vie intellectuelle aujourd'hui bien vivante.

Sommes-nous plus sectaires aujourd'hui qu'hier? Après la parenthèse des années 1990, où la chute du communisme avait fait souffler un vent de libéralisme, il semble que la bataille des idées soit revenue au bon vieux temps de la guerre froide. Censures, ostracismes, refus du dialogue : la violence a ressurgi dans le débat et le pluralisme intellectuel est menacé. Non pas tant par l'absence d'idées différentes, mais par le cloisonnement des appartenances, dans une forme de «tribalisme intellectuel» : les intellectuels restent dans leur coin, parlent à des publics divers, sur des supports différents.

Cette archipellisation de la vie des idées conduit à la juxtaposition dans le débat public de points de vue parfaitement contraires : «Les réacs ont gagné la bataille culturelle», affirment doctement les uns, alarmant sur l'hégémonie supposée de la droite dans la guerre culturelle, qui rappellerait les heures les plus sombres de notre histoire. Mais ceux qu'on accuse d'avoir gagné s'estiment eux aussi lésés : «On ne peut plus rien dire», disent-ils, dénonçant le politiquement correct et la censure des « gauchistes ». Quant à ces derniers ils voient le « triomphe du néolibéralisme » là où les libéraux voient au contraire sa défaite. Chacun des camps propose une vision de l'hégémonie diamétralement opposée. Conséquence du paradigme de la victimisation, il faut être le plus faible pour avoir raison. Un trait majeur du débat d'idées contemporain est donc que chaque faction veut se dire minoritaire et opprimée par les autres.

Réacs, gauchistes, libéraux, qui a vraiment gagné la bataille des idées ?

I

DU DÉBAT AU COMBAT

La vie intellectuelle, c'était mieux avant ?

1

Le retour de la guerre civile des idées

Le bateleur et le mandarin

Le dimanche 18 septembre 2016, sur la scène du palais Garnier, aux alentours de 19 heures, on ne jouait pas *La Traviata*, mais l'atmosphère était au drame. *Le Monde* organisait une confrontation entre le philosophe Alain Finkielkraut et l'historien Patrick Boucheron sur le thème : « La responsabilité de l'intellectuel ». Le premier, caricaturé en thuriféraire de la France raciste depuis la publication de *L'Identité malheureuse*, était devenu l'emblème honni par la gauche des « néoréactionnaires ». Le second, stigmatisé comme un multiculturaliste impénitent après avoir dirigé une *Histoire mondiale de la France*, avait été propulsé, depuis sa nomination au Collège de France, comme le nouvel intellectuel de gauche à la mode, chargé de porter la contradiction à la Réaction dans le débat public.

C'est peu dire que le débat fut tendu. Côte à côte, les deux débatteurs ne se regardèrent pas une seule fois dans les yeux. Croisant et décroisant les jambes nonchalamment, Boucheron souriait d'un air narquois aux assertions d'un Finkielkraut exaspéré. Au-delà d'une confrontation d'ego, la discussion venimeuse et emportée opposait deux visions de l'intellectuel. Pour Alain Finkielkraut, dont le maître est l'écrivain catholique dreyfusard Charles Péguy, l'intellectuel est celui qui cherche à « dire ce qui lui semble vrai » en courant « le risque d'être contredit ». « Est nécessaire à la vie intellectuelle, non pas le débat pour le débat, mais le débat pour la cause de la vérité. [...] Aujourd'hui, la vie intellectuelle est en souffrance, estimait-il. Car là où régnait le débat pendant une certaine période prévaut aujourd'hui l'anathème, et la disqualification tient lieu de confrontation. » Endossant la posture du savant contre le polémiste, Patrick Boucheron reproche à Alain Finkielkraut d'embrayer la complainte de la persécution, alors qu'il est omniprésent médiatiquement. « Je veux bien discuter de tout, mais avec méthode. [...] La vie intellectuelle, ce n'est pas la mise en spectacle d'une déploration permanente. [...] J'ai échoué, car je suis moins bon que vous. Je ne vais pas du matin au soir sur tous les plateaux télé », persiflait le professeur au Collège de France. Micro tremblant d'exaspération, l'auteur de *La Défaite de la pensée* s'emportait : « La seule manière que vous avez de débattre avec moi, c'est de me disqualifier : je suis un bateleur, un homme de tréteaux, je passe ma vie à la télévision ! »

Ce débat entre deux figures majeures de la vie intellectuelle fut un échec. Le dialogue semblait impossible, les deux penseurs ne s'accordant même pas sur le constat. D'un côté, un Patrick Boucheron, figure de l'intellectuel spécifique, qui ne va jamais à la télévision, déplore un affaissement du niveau de la pensée, qui serait désormais monopolisée par des charlatans s'affranchissant de la méthode scientifique pour développer des discours démagogiques. De l'autre, Alain Finkielkraut, figure de l'intellectuel universel, participant régulièrement au débat médiatique, fustige un nouveau sectarisme intellectuel : là où autrefois on pouvait débattre de tout sereinement, régneraient désormais l'anathème et la disqualification. Voici synthétisé un étrange parallélisme de la vie intellectuelle française : les conservateurs sentent leur parole étouffée dans le débat public, là où les progressistes ont l'impression que ces derniers dominent.

Les années 1980-1990, une parenthèse enchantée ?

« Voilà une guerre civile entre les incrédules », s'inquiétait Voltaire à la fin de sa vie dans une lettre à d'Alembert au sujet du *Système de la nature* d'Holbach. Le philosophe s'alarmait des désaccords profonds entre les philosophes des Lumières, notamment au sujet de la nécessité ou non de renverser la monarchie (lui-même estimant qu'il ne fallait écraser que l'Église). Le conflit est inhérent à la vie de la pensée, et celle-ci, quoi qu'on en dise, ne s'est jamais déroulée sur le seul mode de la conversation amicale et de l'entre-soi civilisé. Socrate fut exécuté pour ses idées. De la querelle des Anciens et des Modernes à l'affaire Dreyfus, le champ intellectuel a toujours été un champ de bataille, où l'on se battait à coups d'attaques *ad hominem*, et parfois jusqu'au sang.

Cependant, même dans les années 1930, où le combat d'idées était à son incandescence, le dialogue persistait entre les intellectuels de bords différents. En dépit des positions irréconciliables entre maurrassiens, communistes ou partisans de la République, il subsistait une communauté d'esprit, un champ neutre où l'on tombait l'armure de l'idéologue pour laisser place à l'amitié, aux plaisirs de la conversation ou à l'amour commun de la littérature. Ainsi, comme le rappelle Michel Winock dans son indispensable *Siècle des intellectuels*, « au cours de ces années terribles, l'amitié entre écrivains a été préservée malgré les antagonismes politiques le plus graves. Jusqu'au bout Drieu le fasciste sera un proche de Malraux le combattant antifranquiste, Paulhan le résistant est l'ami intime de Marcel Jouhandeau le collaborateur ». Après la Seconde Guerre mondiale et l'épuration qui vit le triomphe des communistes, vint le temps des listes noires, du sectarisme le plus effréné mené tambour battant par les intellectuels marxistes pour qui la révolution n'était ni un dîner de gala ni un débat policé entre opinions divergentes. « Un anticommuniste est un chien, je ne sors pas de là, je n'en sortirai plus jamais », pouvait écrire Jean-Paul Sartre en 1964. En 1977, lorsque Pierre Boutang, intellectuel royaliste, maurrassien qui renia l'antisémitisme de l'Action française et fut réintégré par de Gaulle à la vie universitaire française, est nommé professeur de métaphysique à la Sorbonne, plusieurs universitaires de gauche dont Bourdieu et Derrida signent une pétition contre sa nomination. Raymond Aron, figure de la droite libérale, est au Collège de France (1970-1978), mais il est tout juste toléré et ferraille bien seul contre l'hégémonie marxiste.

Tout change dans les années 1980. L'arrivée de la gauche au pouvoir signe paradoxalement un reflux de la pensée de gauche qui avait triomphé treize ans plus tôt lors de Mai-68[1]. Le dévoilement de *L'Archipel du goulag* délie les langues et une partie de l'intelligentsia se convertit à l'antitotalitarisme. En 1981, la revue *Esprit* consacre un grand dossier au « Silence des intellectuels » pour stigmatiser le mutisme idéologique d'une gauche minée par la révélation au grand jour des abominations du totalitarisme communiste. La victoire des antitotalitaires dans le débat, et le retour du libéralisme dans le champ des idées débouchent sur le triomphe de l'idée de dialogue. Laissant les combats de la guerre froide, les intellectuels semblent embrasser une « éthique de la discussion » (concept développé par le philosophe allemand Habermas en 1992) où se confrontent de manière policée les positions politiques dans l'arène démocratique. L'historien Jacques Julliard décrit avec nostalgie cette dernière décennie du XXe siècle, entre la chute du mur de Berlin (1989) et la destruction des tours du World Trade Center (2001) : « Une parenthèse enchantée où les idéologies s'étant tues, les bouches s'ouvrirent, et où tout le monde se mit à parler à tout le monde ou presque. L'effondrement de la machine de guerre froide et du dogmatisme stalinien s'accompagna d'un brusque regain de confiance dans les vertus du dialogue[2]. »

En témoigne le titre de la revue phare de l'époque, *Le Débat* : fondée par Marcel Gauchet et Pierre Nora en

1. Paradoxe qu'on retrouvera trente ans plus tard sous le quinquennat de François Hollande, qui fut fatal à la gauche intellectuelle.

2. Jacques Julliard, « Contre la guerre civile », *Le Figaro*, 2 décembre 2019.

1980, année de la mort de Sartre, la revue se veut l'antithèse des *Temps modernes* (fondée à la Libération), et veut en finir avec la figure de l'intellectuel prophétique et le sectarisme. « Ouverture, c'est le mot d'ordre qui nous guide », proclament ses dirigeants. « On a créé *Le Débat* dans une atmosphère combative contre l'idéologie, le militantisme, le totalitarisme, la figure de l'intellectuel engagé, pour l'exercice démocratique de la pensée, se souvient Pierre Nora[1]. On troquait le "en finir avec" de Lénine pour le "vivre avec" : il n'était plus question de liquider les ennemis mais de discuter avec des adversaires. » L'historien évoque une atmosphère d'apaisement intellectuel, « le sentiment très fort qu'on passait à une autre époque : le monde militant et simpliste laissait sa place à un monde complexe, où la tâche de l'intellectuel n'était plus de militer pour une cause mais d'éclaircir le présent ». Il s'agissait alors d'en finir avec les chapelles, les académies, les idéologies, mais aussi d'acter la fin de la frontière entre l'homme de lettres, l'écrivain, et le spécialiste, l'universitaire. Était venu l'âge d'une véritable « démocratie intellectuelle ».

C'est aussi le temps de la Fondation Saint-Simon, créée en 1982 par l'historien François Furet, où se rassemblent les intellectuels de centre gauche et droite comme Jean-Claude Casanova, Pierre Rosanvallon, Alain Touraine, tous ceux qu'Alain Minc appellera selon une formule restée célèbre « le cercle de la raison ». Alain Finkielkraut[2] a lui aussi la nostalgie de cette époque

1. Entretien avec l'auteur.
2. Entretien avec l'auteur.

bénie où l'on pouvait d'après lui tout dire : « Je me souviens des Rencontres de Pétrarque organisées dans *Le Monde* dans les années 1980 par Jean-Marie Borzeix. Il y avait des gens d'*Esprit*, du *Débat*, de *Commentaire*, toute la communauté antitotalitaire. C'est là que j'ai rencontré Pierre Manent, Philippe Raynaud. Il y avait une liberté extraordinaire. »

Le temps du sectarisme semblait alors révolu. Témoignage de l'extraordinaire liberté d'expression de l'époque, cette séquence, le 3 avril 1987, sur Antenne 2. Sur le plateau d'« Apostrophes », Bernard Pivot a convié, pour parler de la responsabilité des intellectuels, entre autres Bernard-Henri Lévy et Maurice Bardèche. Le premier, chemise noire et cheveux bruns, alors jeune philosophe médiatique très en vogue, vient de publier un *Éloge des intellectuels*, où il déplore la « disparition de l'intellectuel en tant que tel », remplacé par des trublions tels que Coluche ou Bernard Tapie dans le débat public. Le second, présenté par Pivot comme l'auteur « de critiques littéraires de grande qualité sur Stendhal, Balzac, Proust » et le « beau-frère de Brasillach », vient de publier à la Table ronde un essai sur Céline. Il est aussi (et cela, Bernard Pivot omet de le mentionner) l'auteur d'un essai défendant le bilan de l'Allemagne nazie : *Nuremberg ou la Terre promise*, qui avait été, lors de sa publication en 1949, retiré de la vente. S'ensuit un échange, qui aujourd'hui nous paraîtrait surréaliste, sur l'épuration, les pamphlets antisémites de Céline et la Shoah entre BHL et Bardèche, ce dernier déclarant par exemple : « Ce que je reproche à Céline, c'est de n'avoir pas vu la variété, la complexité du problème juif.» Ce qui frappe dans cet échange, c'est son caractère extrêmement courtois malgré l'antagonisme absolu des positions. Les intellectuels présents sur le plateau se sont lus mutuellement. Et quand BHL utilise le mot d'«infâme», c'est pour qualifier le livre de Bardèche, plutôt que Bardèche lui-même. Les invités sur le plateau contredisent le pamphlétaire fasciste poliment, tout en lui reconnaissant une immense érudition, une qualité intellectuelle. Aujourd'hui, une telle conversation serait impossible, qui plus est sur le service public. Twitter et le CSA exploseraient sous le flux de plaintes d'internautes. Et pourtant, c'est aujourd'hui qu'on se plaint d'une «libération de la parole»?

Le retour de l'Histoire

En 1990, dans un article célébrant les dix ans de la revue *Le Débat*[1], Pierre Nora affichait un optimisme rétrospectivement très naïf : «La démocratie intellectuelle est largement entrée dans les mœurs. L'esprit du *Débat* est devenu l'esprit de l'époque.» Las, ce diagnostic d'une vie des idées apaisée n'allait pas durer. Vingt ans plus tard, en 2010, dans le numéro du trentième anniversaire du *Débat*, Nora affichait sa déception : «Il a suffi de quelques années pour que l'inverse devienne une évidence : l'esprit de l'époque va dans un sens contraire à celui du *Débat*», écrivait-il, constatant un «rétrécissement des horizons, une atomisation

1. Repris *in* Pierre Nora, *Historien public*, Gallimard, 2011.

de la vie de l'esprit, un provincialisme national, un effondrement du message et du système éducatifs», en bref, «une société qui se comprend de moins en moins elle-même et se consacre moins à la réflexion qu'à la communication».

Ceux qui regrettent cette époque bénie où le débat était apaisé autour de la «politique du raisonnable» confondent sans doute la pacification du combat d'idées avec l'absence d'adversaires. C'est bien parce que la gauche radicale était exsangue et l'extrême droite (et, avec elle, toute la pensée conservatrice et contre-révolutionnaire) perçue comme un vestige folklorique de la Seconde Guerre mondiale, utilisé épisodiquement à titre d'épouvantail électoral, que le «dialogue» semblait enfin possible entre gens au fond assez d'accord. N'oublions pas que l'expression «pensée unique» fut popularisée par le journaliste Jean-François Kahn non pas pour désigner la bien-pensance progressiste, mais plutôt le conformisme des élites libérales communiant dans l'idéologie du marché et du droit. Cette «illusion du consensus» (pour reprendre l'expression de la philosophe Chantal Mouffe, désignant l'alignement idéologique entre droite et gauche libérales), dont certains ont la nostalgie, vola en éclats dans les années 2000 : l'attentat du 11-Septembre et la question du terrorisme islamiste, la montée des problématiques identitaires et la crise financière de 2008 pulvérisèrent le mythe d'une fin de l'Histoire et réintroduisirent du désaccord dans la vie intellectuelle.

La sortie du livre *Le Rappel à l'ordre. Enquête sur les nouveaux réactionnaires* en 2002 fut un tournant.

Avant même la qualification inattendue de Jean-Marie Le Pen au second tour de la présidentielle, la publication de cet essai du journaliste Daniel Lindenberg commandé par Pierre Rosanvallon aux éditions du Seuil, entraîna une bruyante polémique médiatique. Dans ce court texte (94 pages) qui tient plus du pamphlet que de l'enquête, Lindenberg dressait la liste des figures intellectuelles qui avaient selon lui «dérivé» vers la droite. «Le parti intellectuel a viré de bord», diagnostiquait-il déjà. Après la brève parenthèse des années 1980, où la communauté intellectuelle semblait réconciliée autour du grand consensus libéral, des nouveaux débats étaient apparus dans l'espace public, notamment liés à l'identité. «Les passions les plus archaïques de la communauté intellectuelle, un temps gelées par les baisers Lamourette de l'antitotalitarisme, semblent revenues au galop», estimait Lindenberg. Dans son viseur, les écrivains Maurice Dantec, Philippe Muray et Michel Houellebecq, accusés de faire le procès de la culture de masse et de la liberté des mœurs, de stigmatiser l'islam et de critiquer l'immigration. Mais aussi une partie de l'intelligentsia «juive» accusée dans un chapitre intitulé «*When jews turn right*» de céder à la tentation identitaire et de rejoindre le patriotisme d'extrême-droite. Le court factum reçut les honneurs du *Monde*, alors dirigé par Edwy Plenel, qui lui consacra une double page.

C'en était fini du dialogue tranquille, la vie des idées reprenait une certaine vigueur, n'en déplaise aux grincheux qui aiment à pronostiquer le déclin irrémédiable de la vie de l'esprit. Le temps du *Débat* et de *Commentaire*, aux titres emblématiques de ces années 1980-1990 qui voulaient en finir avec la posture de l'engagement sartrien de l'intellectuel prophétique, s'achevait. « Nous vivons le retour de l'intellectuel engagé sous un mode qui se cherche », résume le sociologue Jean-Pierre Le Goff[1].

1. Entretien avec l'auteur.

2

« Il n'y a plus de grands penseurs »

« Ah, parce qu'il y en a une ? », répond Pierre Nora quand on l'interroge sur l'état de la vie intellectuelle française aujourd'hui. L'œil bleu pétillant et taquin, enfoncé dans un fauteuil de son bureau chez Gallimard – à distance réglementaire, car nous sommes à quelques jours du premier confinement –, l'historien qui, à presque quatre-vingt-dix ans, est un témoin privilégié de l'évolution de la vie intellectuelle, peine à trouver le mot juste pour définir ce sentiment de déclin : « Ce n'est pas vraiment un effondrement... plutôt un affaissement, un rétrécissement... un essoufflement... une provincialisation de la vie intellectuelle française. » Dans le bureau voisin, son vieux compère le sociologue Marcel Gauchet renchérit : « La vie intellectuelle aujourd'hui est inexistante. » Les deux amis, qui ont fondé ensemble *Le Débat* en 1980, ont un poste de vigie depuis la rue Gallimard d'où ils observent et structurent la vie des idées depuis quarante ans.

« L'espace proprement intellectuel s'est incroyablement rétréci, au profit de la montée de l'expertise », diagnostique Gauchet. Comment ne pas souscrire à un tel constat ? La grande époque où l'intelligentsia française régnait sur le monde depuis les terrasses de Saint-Germain-des-Prés semble bien loin. Quand cinquante mille personnes suivirent à pied le cercueil de Sartre, c'est celui de Johnny qui rassemble les foules aujourd'hui, et l'on peinerait à égrener les grandes figures capables de rivaliser avec la litanie des grandes heures du structuralisme.

C'était mieux avant ?

Pourtant, le constat de la fin d'un âge d'or intellectuel n'est pas nouveau, ni même récent. En 1939, l'écrivain Paul Valéry parlait déjà de « baisse de la valeur esprit » et prophétisait la fin des humanités au profit du règne de la machine et de l'industrie. Le diagnostic de la mort de l'intellectuel français est un serpent de mer, pour ne pas dire une spécialité de l'intellectuel français. Dès 1983, dans un tonitruant article paru dans *Le Monde*[1], le philosophe post-structuraliste Jean-François Lyotard érigeait le « tombeau de l'intellectuel ». Il affirmait que, l'intellectuel étant par essence le porteur de l'universel, la disparition de l'universalisme et la montée en puissance de l'expertise signaient la fin de son magistère. Le souci d'éclairer ses semblables tel que se l'assignaient les philosophes des Lumières avait laissé place à l'exigence de former des professionnels plus performants. Dans un monde hypercomplexe, hyperconnecté, l'intellectuel

1. Jean-François Lyotard, « Tombeau de l'intellectuel », *Le Monde*, 21 septembre 1983.

généraliste était à remiser au grenier des vieilleries dépassées.

«Y a-t-il encore des maîtres à penser?» se demandait le magazine *Lire* en 1984, qui publiait un classement des intellectuels français réalisé à partir d'un questionnaire envoyé à un large jury composé d'écrivains, de journalistes, de professeurs, d'étudiants. Arrivaient en tête, dans l'ordre : l'anthropologue Claude Lévi-Strauss, le philosophe Raymond Aron, le sociologue Michel Foucault, le psychanalyste Jacques Lacan, la philosophe Simone de Beauvoir, la romancière Marguerite Yourcenar et l'historien Fernand Braudel. Quel panel! Quelques années plus tard, en 1989, dans un hit-parade proposé par *L'Événement du jeudi* arrivaient sur le podium des intellectuels Claude Lévi-Strauss et... l'animateur de télévision Bernard Pivot! Preuve s'il en est que les années 1980 furent le théâtre d'une mutation avec la montée en puissance de la médiatisation. Avec la mort progressive des grandes figures des années 1960-1970, symboles de ce moment où la pensée intellectuelle française allait atteindre son incandescence[1], tant dans la variété des magistères que dans le rayonnement international, on ne pouvait que constater une forme de «désenchantement de la pensée[2]». Le temps des maîtres, des écoles, des courants, des chapelles, allait laisser place à un sentiment d'affaissement, d'implosion, un paysage où toutes les hiérarchies ont éclaté.

1. Sartre et Barthes sont morts en 1980, Foucault en 1984 et Beauvoir en 1986.

2. Gilles Lipovetsky, «Monument interdit», «De quoi l'avenir intellectuel sera-t-il fait?», *Le Débat*, n° 4, 1980.

Baisse du niveau intellectuel

Pierre Nora, entré chez Gallimard en 1965, il y a plus de cinquante ans, pour devenir éditeur d'histoire, est catégorique sur la réalité de ce déclassement. « À l'époque, sourit-il, je corrigeais la copie de Dumézil qui se prenait la tête dans les mains dans mon bureau en disant : "Qu'est-ce que vous voulez que je vous dise, je ne suis pas Foucault !" se souvient-il. Dans les années 1960-1970, lors des colloques internationaux, les Français étaient les rois, on faisait la queue pour obtenir les droits ! » Il ne peut que constater aujourd'hui un effondrement de l'édition dans la vie des idées : dans ces années-là, un succès en sciences humaines se vendait à 60000-70000 exemplaires (songeons par exemple que l'ouvrage du psychanalyste Lacan, *Écrits*, pourtant très abscons et difficile d'accès, s'est vendu à 50000 exemplaires à sa sortie en 1966, puis à 180000 en poche). Aujourd'hui, un « succès » en sciences humaines se chiffre à 4000-6000 exemplaires. Une baisse des tirages signe d'une « désacralisation de la vie de l'esprit » (Lipovetsky) : on ne fait même plus semblant de lire.

Pour Pierre Nora, s'il faut remonter à la source, la racine principale de ce déclin de la vie de l'esprit vient de notre système éducatif lui-même et de l'effondrement de la place octroyée aux humanités. « Il y a eu un engorgement éducatif à partir des années 1980. La démocratisation s'est traduite par une baisse de niveau », soutient l'historien. Selon lui, le formalisme en littérature, ce « démon de la théorie » (Antoine Compagnon) qui a voulu déconstruire le sens commun littéraire au nom de la critique du langage, et l'école des Annales en histoire, qui a voulu détruire le roman national pour une histoire globale et transdisciplinaire, ont miné l'enseignement des lettres et de l'histoire, «les deux composantes des humanités, terreau sur lequel poussaient les intelligences».

Résultat: «Les bons esprits, les intellectuels se dirigent désormais vers l'économie, les affaires.» Une position que partage l'essayiste libéral Olivier Babeau qui dirige l'Institut Sapiens, un think tank libéral : «Il y a aujourd'hui une baisse du niveau des intellectuels, qui ressemble à la baisse du niveau des politiques, et qui a la même cause : l'attractivité de l'activité est en chute libre. Un professeur d'université autrefois était un notable, aujourd'hui, c'est un prolétaire. Les cerveaux sont partis vers le privé. Cela laisse le champ libre aux moines-soldats, c'est-à-dire aux militants, avec des effets de collégialité et de cooptation qui créent de l'enfermement idéologique[1].» Ultraspécialisation et militantisme : telles sont désormais les deux mamelles de l'université.

En septembre 2020, alors que *Le Débat* célébrait son quarantième anniversaire, Pierre Nora a annoncé la fin de la revue, centrale dans la vie intellectuelle. Pour justifier cet arrêt, l'historien invoque la baisse du niveau culturel. «L'offre que nous représentons ne correspond plus à la demande», écrit-il[2], car *Le Débat* cherchait, à rebours d'une époque immédiate et idéologisée, «des analyses, plutôt que des plaidoyers ou

1. Entretien avec l'auteur.
2. Pierre Nora, «Quarante ans, fin et suite», éditorial, *Le Débat*, n° 210, 2020.

des manifestes [...], la confrontation des points de vue plutôt que l'affirmation d'une appartenance. Le déchiffrement d'une réalité complexe plutôt que la prise de position. [...] Les problèmes de fond, plutôt que l'actualité éphémère. [...] Notre modèle à nous suppose, de la part de nos lecteurs, une curiosité à horizon encyclopédique. Existe-t-elle encore, en dehors d'un cercle étroit ? » se demande-t-il.

Hyperspécialisation, hystérisation, surmédiatisation, archipellisation

« Il y a une ultraspécialisation académique qui fait qu'on ne cherche plus du tout à avoir une vue d'ensemble », analyse son complice de toujours Marcel Gauchet. Le sociologue, historien et philosophe, qui assume une démarche théorique généraliste et interdisciplinaire, reproche aux intellectuels d'aujourd'hui de s'enfermer dans des couloirs spécifiques de plus en plus étroits. « Les historiens de la grande génération, les Furet, Le Roy Ladurie, n'allaient pas lire tous les travaux les plus pointus sur la Grèce antique, mais s'il y avait un livre général renouvelant la problématique de la démocratie athénienne, ils le lisaient bien sûr. C'est terminé aujourd'hui. Vous avez un spécialiste du XVIIe siècle, il peut aller jusqu'à 1750 à l'extrême rigueur, puis il s'arrête, déplore l'auteur du *Désenchantement du monde*. Les intellectuels ne veulent pas changer le monde, comme Marx ou Sartre, non, ils veulent changer le règlement intérieur des écoles primaires ! »

L'hyperspécialisation est un phénomène continu de la vie intellectuelle occidentale : de l'humaniste de la République des Lettres qui embrassait de son regard l'ensemble des disciplines existantes au «sociologue spécialiste en mobilités et urbanisme dans les métropoles connectées», l'histoire de la vie intellectuelle est celle d'une professionnalisation. Celle-ci a ses avantages : dans un monde complexe aux réalités enchevêtrées, seul le spécialiste peut délivrer un savoir utile. Mais la figure de l'homme de lettres offrant un regard surplombant, capable de synthèse, manque aussi pour comprendre le sens et la direction d'une société. «Le monde universitaire s'est tellement spécialisé qu'il ne peut plus jouer de rôle dans la vie des idées, qui exige de monter en généralités[1] », analyse Jérôme Fourquet, politologue touche-à-tout qui aime, lui, intervenir de manière éclectique sur de nombreux sujets.

En réalité, le mouvement de balancier est double : d'une part, une hyperspécialisation académique, visible notamment dans le champ des sciences sociales; de l'autre, une ultra vulgarisation médiatique. D'un côté, des universitaires qui se ghettoïsent sur leurs campus et se séparent de plus en plus du reste de la société en se spécialisant sur des tranches de plus en plus réduites de savoir inaccessibles au profane. De l'autre, face au vide, à l'absence de grands érudits généralistes, la montée en puissance de la vulgarisation et d'intellectuels capables de parler de tout et de rien sur les plateaux télé, des grands hebdos consacrant des unes à Platon ou à

1. Entretien avec l'auteur.

Spinoza, des « cafés philo » en entreprise, toutes choses qui auraient paru horribles et insensées lorsque régnait en maître le snobisme hermétique des sciences sociales.

Dans une société de plus en plus complexe, on réclame toujours davantage des intellectuels une vision simple et accessible, une compréhension « clé en main » des enjeux de l'époque. D'où le succès incroyable d'un Michel Onfray et de son université populaire de Caen qui propose les grands maîtres de la philosophie, décortiqués dans un prêt-à-consommer accessible au plus grand nombre. Le hiatus devient de plus en plus grand entre, d'un côté, les académiques spécialisés et, de l'autre, les médiatiques généralistes. Comme le note le sociologue Gilles Lipovetsky le travail intellectuel ne relève plus de cénacles universitaires, mais d'une quête de réponse thérapeutique pour individus déboussolés : « Voici le temps de la philosophie réconfort, celle du self-service intellectuel parfaitement en phase avec le coaching généralisé. »

Régis Debray, le fossoyeur des intellectuels

« Être un intellectuel aujourd'hui, c'est pisser dans un violon, même si c'est un stradivarius, ça ne fait pas beaucoup de bruit[2] », dit-il, enfoncé dans un fauteuil club élimé, pantoufles aux pieds, dans sa maison de campagne aux confins de l'Île-de-France. Au coin de la cheminée, Régis Debray feuillette un volume original magnifiquement relié de *Psychologie de l'art* de Malraux. Dehors pèse le

1. Entretien avec l'auteur.

ciel gris de l'automne, dans l'air flotte une odeur d'encens, sur son visage l'ombre d'une moustache rasée depuis longtemps. Il y a plus d'un point commun entre le romancier ministre de la Culture et l'intellectuel qui fut conseiller de Mitterrand : le goût de l'aventure, l'intérêt pour l'art comme médiation, la nostalgie de la transcendance, le tiers-mondisme, et le « gaullisme d'extrême gauche ». « Malraux et moi, on s'est manqué », soupire Debray. Des bancs de Janson-de-Sailly, prestigieux lycée du 16e arrondissement où étudia ce jeune fils de bonne famille, au jury du Goncourt où il siégea de 2010 à 2015, en passant par la case prison en Bolivie, son bureau de conseiller à l'Élysée et ses travaux de médiologue, Debray a eu mille vies et reste l'un des derniers monstres sacrés, l'une des dernières figures de l'intellectuel français dont il a pourtant diagnostiqué la mort cérébrale dans *I.F., suite et fin*. Dans son pamphlet, paru en 2001, Régis Debray sonnait le requiem de l'intellectuel à la française, entré selon lui en phase terminale en cette aube de troisième millénaire. « L'intellectuel français – qui fut un éclaireur – est devenu un exorciste », diagnostiquait-il. Celui-ci aurait troqué la recherche de la vérité pour le ring, le temps long pour « l'instantanéisme », la controverse pour l'altercation, la soumission à une grande idée pour le narcissisme moral. Il reproche à la vie intellectuelle d'être devenue une « empoignade ». Pour lui l'intellectuel n'a plus aucun pouvoir. « Quel article, quelle tribune a changé le cours des choses comme l'a fait la photo du petit Aylan ? » nous demande-t-il quand on l'interroge sur le pouvoir réel des intellectuels aujourd'hui. C'est l'image qui est selon lui la maîtresse du monde ; et « la classe dirigeante n'a plus besoin d'idées générales, mais d'économistes et d'hommes du spectacle ».

Boomer mélancolique

Dans la galaxie intellectuelle française, Debray est un être à part. « Ma génération a eu le privilège d'avoir vu mourir un monde et en naître un nouveau », écrit-il dans son dernier livre *D'un siècle l'autre*. Né en 1940, « l'année où Hitler visita la capitale un beau matin, salué par nos agents de police au garde-à-vous », Régis Debray, comme Chateaubriand, a vécu entre deux temps, mais s'il quitte avec regret le vieux rivage où il est né, il ne nage pas avec espérance vers la rive inconnue du nouveau monde. Boomer mélancolique ? Il est né trop tard pour être résistant, trop tôt pour jeter des cailloux aux CRS. Si la « pensée d'un homme est avant tout sa nostalgie » (Camus), la sienne ne porte pas sur le bon vieux temps du plein-emploi et des Trente Glorieuses, mais sur l'époque où « une thèse pouvait prendre dix ans de travail, une phrase, trois lignes, et une conférence, une heure et demie ».

Réac, Régis ? « Qui embrasse trop étroitement son temps n'en sortira pas vivant », écrit-il. N'aurait-il pas eu le parcours inverse de Victor Hugo, son maître ? Hugo eut une jeunesse romantique de droite, attaché au drapeau blanc de la monarchie pour finir sa vie en figure tutélaire de la Troisième République. Debray crut à l'orée de sa vie au romantisme de la révolution pour se convertir au gaullisme, à la nation, au goût de la terre et des morts. Ce ne fut pas l'exil de Guernesey, mais la prison en Bolivie après le « chemin de Damas de l'engagement ». À vingt-cinq ans, alors que la jeunesse estudiantine mime la révolution dans les rues de Paris, lui croupit dans une geôle bolivienne pour avoir participé à la guérilla aux côtés de Che Guevara. « Régis a risqué sa peau », relève son ami Jean-Pierre Chevènement, qui souligne le caractère déterminant de cette épreuve : « Il n'y a pas de destin pour qui le front n'a pas été nimbé du prestige des armes. Le bien-fondé du projet n'est pas l'essentiel mais la découverte de soi au fond d'un cachot, avec chaque matin un cliquetis qui pourrait bien être celui du peloton d'exécution. » Échapper à Mai-68 lui a évité bien des illusions, et des désillusions.

« Debray est aux antipodes d'une partie de la gauche qui a découvert son impuissance une fois au pouvoir et a évolué vers les questions sociétales. Régis n'est jamais tombé là-dedans », souligne l'ancien ministre Hubert Védrine, qui a côtoyé Debray à l'Élysée sous Mitterrand. Une gauche d'avant l'écriture inclusive où l'on ne jugeait pas les succès d'une candidate à l'aune de sa couleur de peau. « En 1960, juger les individus d'après leur race, leur sexe et leur physique était le fait de l'extrême droite ; en 2020, c'est celui de l'extrême gauche », constate-t-il dans *D'un siècle l'autre*.

Debray, c'est l'histoire d'un *anywhere* devenu *somewhere*, d'un *là-bas* devenu *ici*, avec tout de même une permanence, le souci d'être *contre*. S'il a changé, Debray ne s'est jamais renié. « Je n'ai pas trop à rougir quand je feuillette mes paperasses. » Page 37 de son livre, il fait la liste de ses prédictions qui se sont réalisées, entre autres : le retour en grâce de De Gaulle (*À demain de Gaulle*, 1989), de la frontière (*Éloge des frontières*, 2010) et du sacré (*Jeunesse du sacré*, 2012)[1].

D'un naturel confiné

Alors Debray ne tweete pas, mais il écrit. Et les formules filent sous sa plume avec une facilité prodigieuse.

1. Tous publiés chez Gallimard.

« Il m'a appelé après le confinement, en me disantqu'il avait bien travaillé, ça m'a immédiatement fait tomber en dépression », raconte Alain Finkielkraut. « Je l'envie pour sa prolixité », dit celui qui a toujours l'impression d'écrire son dernier livre. « Ne faites pas de moi un polygraphe », s'inquiète Régis, qui a publié soixante essais et trois romans, dont un prix Femina (*La neige brûle*, Gallimard, 1977). Il tient à la dimension littéraire de son œuvre et ne voudrait pas qu'on le réduise à la catégorie aussi floue qu'étriquée d'« intellectuel ».

« Bien sûr que c'est d'abord un écrivain », dit de lui Bernard Pivot, qui l'a fait entrer au jury du Goncourt en 2010. Lui qui a refusé l'Académie française, charge à vie bien trop lourde, a accepté pendant quatre ans cette mission moins permanente mais plus chronophage. « Il fait partie des écrivains dont on reconnaît immédiatement le style, analyse l'ancien animateur d'"Apostrophes". Un mélange de langage philosophique, une diversité extraordinaire de vocabulaire qu'il rompt avec des expressions populaires, des jeux de mots comme "tout à l'ego", l'un de ses préférés. » Son maître, l'écrivain Julien Gracq, lui reprochait son art trop consommé de la formule. Il est vrai qu'il a le génie si français de la maxime, qu'il double d'une obsession pour le rythme ternaire (« thèse, antithèse et foutaise ») hérité de la matrice khâgneuse.

Dans son salon rempli de livres (qu'il classe par thème) trône la sculpture de Jean-Louis Faure représentant Jean-Paul Sartre et Simone de Beauvoir refusant de serrer la main à Arthur Koestler. Le couple avait repoussé le dissident soviétique par pur sectarisme stalinien. L'œuvre est intitulée : *Bêtise de l'intelligence*. Un travers que Debray ignore. « Je n'ai pas forcément les idées de mes amis, ni les amis de mes idées », aime-t-il à dire. Il peut dire du bien d'Éric Zemmour (« qui dit des bêtises à la télé mais est très intelligent ») et a voté Jean-Luc Mélenchon. Debray est un ton plutôt qu'un système. S'il a cru un jour à la politique, il se réfugie aujourd'hui dans les livres et dans le temps long de l'Histoire, loin du bruit quotidien des polémiques et de la fureur du temps ininterrompu.

« Régis a pris de l'altitude, constate Jean-Pierre Chevènement. Unir, transmettre, croire, l'élucidation de ces mystères l'occupe à plein temps. C'est la marque d'un esprit supérieur. » Il a gagné l'amplitude mentale de Victor Hugo, à qui il ressemble de plus en plus physiquement, et regarde avec une sorte d'animisme les fourmis et les nations batailler sous le vent de l'Histoire.

Hubert Védrine se souvient d'une discussion il y a une quinzaine d'années, où l'écrivain lui disait : « Nous sommes comme dans l'an mil, des pères abbés se concentrant sur des enluminures dans un océan d'ignorance et de barbarie. De temps en temps, nous enfourchons un mulet pour nous rendre visite. »

Tribulation intellectuelle

L'hypermédiatisation a pour corollaire une forme d'hystérisation du débat public, où les polémiques s'enchaînent à la vitesse des bandeaux des chaînes d'info en continu, exigeant des réactions immédiates, surjouant l'indignation et la déclamation sur les réseaux sociaux.

Résumons : la spécialisation occasionne une séparation entre universitaires et journalistes. La médiatisation fracture le débat en séquences de plus en plus rapides, qui s'enchaînent sous forme de polémiques. Tout cela aboutit à une dernière facette du déclin de la vie des idées : l'archipellisation, pour reprendre l'expression parlante de Jérôme Fourquet, qui parle d'« archipel » français pour décrire une société française divisée en îlots qui ont de moins en moins de commun. On assiste en effet à une forme de « netflixation » de la vie des idées : celle-ci se consomme « à la demande », dans des créneaux de sens qui ne communiquent plus entre eux. Il n'y a plus d'« Apostrophes » pour réunir des penseurs opposés. Chacun à « son média ». L'économiste anticapitaliste Frédéric Lordon n'accepte d'intervenir que dans le mensuel de gauche antilibérale *Le Monde diplomatique* ou la chaîne russe Russia Today, seuls médias qu'il n'estime pas vendus au pouvoir « néolibéral », le philosophe Michel Onfray a sa propre télé, OnfrayTV, l'académicien Alain Finkielkraut intervient dans *Le Figaro* et l'historien Patrick Boucheron a son rond de serviette au *Monde*. Les chaînes privées d'information en continu invitent des penseurs de droite, tandis que les intellectuels de gauche préfèrent le service public ou des médias de niche. C'est là un des effets, bien plus inquiétant que la culture du clash ou que l'immédiateté, de la nouvelle économie de la connaissance produite par Internet et les réseaux sociaux : les bulles cognitives qui nous enferment et nous confortent, par l'invisible nœud des algorithmes, dans notre vision du monde au lieu de nous ouvrir à la confrontation d'idées.

L'ultraspécialisation dans le champ académique se double donc d'une tribalisation dans le champ généraliste.

Facebook, Twitter, TikTok produisent leurs propres agendas de polémiques et leurs propres réseaux de savoirs. Gilets jaunes, coronavirus, clashs identitaires : désormais l'événement est pensé de façon immédiate et les camps se retranchent avant même d'avoir été dessinés par les théoriciens.

Pourtant, doit-on se faire le chantre d'un déclin de la vie de la pensée ? Il ne faut pas se bercer d'illusions. S'il est indéniable que la qualité de la vie intellectuelle est en déclin, la vie des idées n'a jamais été une conversation d'érudits au coin du feu. Elle a toujours été travaillée de violences, de mensonges et d'approximations, hier comme aujourd'hui.

Si la qualité des échanges pâtit forcément d'une société de la communication qui ne reconnaît plus les hiérarchies ni les lenteurs nécessaires au travail intellectuel, d'un égalitarisme démocratique qui dissout la culture générale, la vie des idées française, loin d'être amorphe et dévitalisée, est parcourue de forces puissantes et contraires qui se disputent l'hégémonie culturelle. C'est là le paradoxe de notre temps : furieusement individualiste, il n'a jamais laissé autant de place aux idées générales dans la vie particulière. La « guerre culturelle » bat son plein. On se déchire dans les déjeuners de famille autour de polémiques intellectuelles, bien plus souvent et dans des milieux bien plus larges aujourd'hui qu'il y a un siècle. Faut-il s'en réjouir ou le déplorer ? À bien des égards nous vivons une époque captivante, où le pouvoir de l'idée est de retour.

3

Boycotts, censure, judiciarisation : un nouveau sectarisme

« Je ne tiens pas à me victimiser[1] », confie Sylviane Agacinski, pourtant choquée par ce qui vient de lui arriver. Ce 24 octobre 2019, la philosophe devait donner une conférence à l'université Bordeaux-Montaigne sur « L'être humain à l'époque de sa reproductibilité technique ». Sa participation a été annulée par la direction de l'établissement qui a estimé que « face à des menaces violentes », elle ne pouvait « assurer pleinement la sécurité des biens et des personnes, ni les conditions d'un débat vif mais respectueux ». En cause, des pressions exercées sur les réseaux sociaux par des groupuscules d'extrême gauche et LGBT, Solidaires étudiant-e-s Bordeaux GRRR, Riposte trans, Mauvais Genres et WakeUp ! qui dénonçaient dans un communiqué l'invitation d'une « homophobe notoire » et invitaient les « étudiant-e-s à se mobiliser contre la venue de cette conférencière au sein de leur lieu d'étude » et à mettre « tout en œuvre afin que cette conférence n'ait pas lieu ». Que reproche-t-on à la philosophe ? Son opposition à la gestation pour autrui (GPA) qu'elle estime

1. Entretien avec l'auteur.

relever de la marchandisation du corps des femmes, et son scepticisme affiché quant à l'extension de la procréation médicalement assistée (PMA).

«Je n'ai jamais vu ça. Ce climat d'intimidation est récent», se désole-t-elle. Sylviane Agacinski n'est pas une habituée des ostracismes. C'est une voix douce, précise, qui s'impose sans forcer et attire naturellement l'attention. Le propos s'accompagne d'un discret jeu de mains et d'un regard intense. Le raisonnement coule alors comme une évidence. Si elle reste avant tout une intellectuelle, une femme de tête qui préfère le silence des bibliothèques aux projecteurs des plateaux télé, Sylviane Agacinski a le génie, rare, de la conversation. Doux visage aux pommettes saillantes, yeux noirs et profonds, elle montre à chaque instant un tel soin dans l'expression qu'elle dévoile à son auditoire l'onde pure de la langue française. «Pour le dire plus exactement... », Sylviane Agacinski ponctue ses phrases d'incises manifestant son souci du mot juste, reformulant sans cesse, pour être plus précise, sa pensée. Discuter avec elle ressemble à un exercice de menuiserie où l'on rabote le langage de ses scories pour atteindre la forme parfaite. Cette proche de Jacques Derrida et de toute l'intelligentsia de gauche des années 1970, enseignante à l'EHESS pendant vingt ans, femme d'un Premier ministre socialiste, n'a pas le goût de la polémique : elle a toujours coché toutes les cases. Lorsqu'elle publie en 2002 *Journal interrompu*, où elle raconte le désastre de la campagne présidentielle qui a vu Le Pen se qualifier au lieu de son mari, son livre fait la manchette du *Monde*. Aujourd'hui, Sylviane Agacinski publie plus souvent dans *Le Figaro* que dans le « journal de référence ». Elle est conspuée par une grande partie de la gauche pour ses positions très critiques sur le technoprogressisme. Est-ce elle qui a évolué ou l'époque qui s'est raidie ? Au moment de l'annulation de sa conférence, elle a reçu le soutien de nombre d'intellectuels de tous bords, notamment sa rivale, elle-même favorable à la GPA, la féministe Élisabeth Badinter. Peu de voix s'élevèrent en revanche dans les jeunes générations pour condamner l'action menée contre elle, symptôme important du nouveau sectarisme qui gagne l'université française. « La guerre civile intellectuelle est en train de prendre corps. Un “signal faible”, comme on dit, c'est l'affaire Agacinski », alerte Marcel Gauchet[1] qui se dit inquiet de « la complicité de l'administration avec les étudiants les plus extrémistes ».

La « cancel culture » débarque en France

Sylviane Agacinski précise, elle, qu'elle n'en veut pas à l'université et comprend la difficulté à « résister à des groupes qui excluent toute critique, y compris celles inspirées par le respect des personnes ». Elle déplore « une forme de terreur intellectuelle qui affecte gravement l'état du débat public. Il devient très difficile de débattre en France ». De fait, ce qui est arrivé ce jour-là à la philosophe n'a rien d'un fait isolé, venant d'une poignée de fanatiques non représentatifs. Ce n'est qu'un

1. Entretien avec l'auteur.

exemple parmi d'autres d'un mouvement de fond qui traverse l'ensemble de l'espace intellectuel occidental et qu'on désigne aux États-Unis sous le nom de «*cancel culture*». Cette expression, qu'on pourrait traduire par «culture du bannissement», ou «culture de l'annulation», a été désignée «mot de l'année 2019» par le dictionnaire Macquarie. Elle désigne la volonté d'effacer du débat par l'appel au boycott certains interlocuteurs car leurs propos sont jugés insultants, ou de censurer un artiste ou écrivain accusé de racisme, d'homophobie, ou d'agression sexuelle (exemples récents : le réalisateur Woody Allen ou l'écrivain J. K. Rowling). Elle fait rage sur les campus, touchant des personnalités aussi institutionnelles que les anciens secrétaires d'État Henry Kissinger ou Condoleezza Rice qui ont vu leurs conférences chahutées. Barack Obama lui-même s'est vu qualifier de «boomer» parce qu'il a osé critiquer le radicalisme de la nouvelle génération militante qui se contente de «jeter des pierres». «Ce n'est pas du militantisme. Ce n'est pas changer les choses», avait déclaré l'ancien président, inquiet de la montée de ce nouvel activisme sectaire, en passe de devenir hégémonique. On appelle «*woke*» (éveillée) cette génération de gauche hypersensible qui ne supporte plus l'existence dans l'espace public d'idées différentes.

Une étude du prestigieux think tank Brooking Institution de septembre 2017 l'affirme : «La liberté d'expression est en péril sur les campus américains.» D'après ce sondage mené auprès de mille cinq cents étudiants dans plusieurs universités américaines, 51 % d'entre eux pensent qu'il est acceptable de perturber par des cris la conférence d'un intervenant avec qui on n'est pas d'accord, et 20 % pensent même qu'il est légitime d'employer la violence.

Il serait exagéré de comparer le climat délétère des campus américains à celui qui règne en France, où la liberté de penser existe encore. Cependant, les cas de censure et de « désinvitation » se multiplient chez nous aussi. En mars 2018, une conférence à Sciences-Po sur la société de la délation à l'heure de #MeToo, où devaient intervenir la journaliste Élisabeth Lévy et le philosophe Raphaël Enthoven, a été annulée sous la pression d'associations féministes. La venue du philosophe Alain Finkielkraut la même année rue Saint-Guillaume est perturbée par des groupuscules antifascistes. « Je ne peux plus me rendre à Normale Sup, encore moins à l'EHESS », confie ce dernier. En mars 2019, la pièce *Les Suppliantes* d'Eschyle dont la représentation devait se tenir à la Sorbonne est annulée à la suite de l'appel au boycott d'associations prétendument antiracistes pour cause de « blackface » (les comédiens étaient grimés selon la pratique antique). En octobre 2019, un séminaire sur la radicalisation islamique organisé par la Sorbonne est suspendu en raison de plaintes d'associations et de contestations de la part d'universitaires jugeant la personnalité de Mohamed Sifaoui qui devait l'animer trop polémique. En juin 2020, alors que les Black Lives Matter battent le pavé aux quatre coins du monde, l'école Audencia décide d'annuler une conférence de l'universitaire spécialiste de Napoléon Thierry Lentz, au motif qu'il n'était pas opportun de « promouvoir l'héritage napoléonien en cette période ».

« Jadis la censure venait de la droite conservatrice et moraliste. Désormais, elle surgit de la gauche », reconnaît l'essayiste Caroline Fourest dans son dernier livre, *Génération offensée*.

Un sectarisme fondé sur le sentiment

« Je trouve qu'il y a un niveau d'agressivité anormal et inquiétant, mais qui, au fond, je crois, rejoue un répertoire d'action assez ancien », relativise quant à lui Patrick Boucheron depuis son bureau du Collège de France[1]. L'historien, qui a dirigé le livre collectif *Le mot qui tue. Une histoire des violences intellectuelles*, veut rappeler que la pratique de l'invective, de l'exclusion et parfois de la violence es consubstantielle à la vie intellectuelle. Pendant l'affaire Dreyfus, les étudiants se battaient à coups de canne au Quartier latin. En mai 1968, le vieil Aragon se fit huer à la Sorbonne alors qu'il venait offrir son appui aux jeunes révoltés. En 1969, à Nanterre, le vénérable Paul Ricœur reçut même une poubelle sur la tête de la part d'étudiants gauchistes le jugeant trop conservateur. Les rixes et les interruptions de cours allaient bon train. On peut en effet admettre que le sectarisme n'a rien de nouveau : il était très virulent à l'université dans les années 1960-1970 lorsque l'hégémonie marxiste régnait sans partage. « Nous sommes très libres aujourd'hui. À Marne-la-Vallée où j'ai enseigné le directeur de l'université avait un portrait de Staline dans son bureau ! » se souvient par exemple la

1. Entretien avec l'auteur.

philosophe Chantal Delsol[1]. « En 1971, je me suis fait traiter dans *Le Monde* d'"agent de la CIA" car je parlais de "totalitarisme". Ça vous donne une idée de l'ambiance ! se souvient Marcel Gauchet[2]. Le sectarisme était terrifiant. Il y a eu un bref moment de libération dans les années 1980. On pouvait enfin mettre des gens de droite et de gauche dans la même pièce pour discuter. Et puis c'est reparti pour un tour à partir des années 1990 où a émergé un néogauchisme devenu de plus en plus enragé. »

Cependant, la nouvelle censure qui sévit aujourd'hui dans le champ intellectuel diffère du bon vieux sectarisme idéologique marxiste. Si elle s'exerce toujours au nom du Bien, elle repose moins désormais sur le *logos* que sur le *pathos*. Elle ne se tient plus dans le cadre du clivage gauche-droite, mais oppose des groupuscules minoritaires agissant au nom du droit de ne pas être offensé. C'est moins une guerre des idées, qu'une guerre des sentiments. Il ne s'agit pas de faire taire une opinion qu'on considère comme divergente mais de réduire au silence une personnalité jugée blessante. « Il est dangereux et inconscient [d'inviter] une homophobe notoire » à l'université, affirmaient les étudiants voulant annuler la venue d'Agacinski ; d'autres tentèrent d'empêcher Alain Finkielkraut de tenir « des discours qui mettent nos existences en danger ».

« On assiste à une radicalité tout à fait nouvelle parce qu'elle est purement subjective plus que politique : c'est l'incapacité de tolérer dans l'espace public le

1. Entretien avec l'auteur.
2. Entretien avec l'auteur.

discours de quelqu'un qui ne pense pas comme vous, analyse Marcel Gauchet. C'est en cela que cette nouvelle intolérance diffère de l'ancien sectarisme marxiste; "Tout anticommuniste est un chien" : quand Sartre écrit ça, il ne dit pas que l'anticommunisme le blesse, et qu'il faut se protéger de ce type de discours.» L'idée que «les mots tuent» est désormais prise au sens littéral, encouragée par une vision extensive de la «violence symbolique» nourrie par les analyses de Bourdieu. Le sociologue inventa ce superbe oxymore désormais intériorisé par n'importe quel étudiant en première année de sciences sociales, pour désigner des violences non physiques et invisibles par lesquelles les «dominants» imposent leurs normes aux dominés. Les opinions proférées dans le champ intellectuel en font partie.

«Incontestablement, il y a une tendance à l'étouffement intellectuel. Cela provient de la croyance que les opinions produisent les faits. On est dans la performativité. Je pense qu'il y a un lien entre la criminalisation de la pensée et l'impuissance politique», analyse pour sa part le philosophe Paul Thibaud[1]. Une position que partage même Pierre Rosanvallon, titulaire de la chaire d'histoire moderne et contemporaine du politique au Collège de France, pourtant attentif à ne pas joindre sa voix au chœur de la déploration : «Ne sachant plus transformer le monde, on transforme le campus. On remplace son impuissance politique globale par une radicalité intempestive[2], me confie-t-il. C'est une particularité du monde américain

1. Entretien avec l'auteur.
2. Entretien avec l'auteur.

où les campus sont coupés du reste de la société, ce qui est beaucoup moins le cas en France.» Pour le moment.

Le droit de ne pas être offensé

Aux États-Unis, où le premier amendement garantissant la liberté d'expression est presque aussi sacré que le deuxième garantissant le droit de porter des armes à feu, il n'y a pas de possibilité légale d'interdire certains discours jugés extrêmes, comme c'est le cas en France où de nombreuses lois restreignent et encadrent la liberté d'expression. C'est sans doute pourquoi est apparue cette forme de censure détournée qui évite la judiciarisation en se réclamant de la subjectivité du ressenti plutôt que de l'objectivité de la loi. Plutôt que de structurer les conditions du débat démocratique par le haut, on construit des *safe spaces*, on se «protège» de certains discours. L'avocat Greg Lukianoff et le psychologue Jonathan Haidt appellent cette montée du «droit de ne pas être offensé», «le chouchoutage de l'esprit américain» («*coddling of the American mind*»). «La principale caractéristique de cette nouvelle censure émanant des étudiants est qu'elle est médicalisée. C'est-à-dire que ces étudiants appelant à la censure affirment qu'ils seraient réellement blessés, du point de vue médical, par la présence de discours ou d'orateurs jugés odieux, et ce, qu'ils entendent ou non le discours[1].» On savait

1. «Le droit de ne pas être offensé, la nouvelle censure qui sévit sur les campus américains», interview de Greg Lukianoff par l'auteur, *Le Figaro*, 15 octobre 2018.

que les mots étaient des armes, mais désormais, au lieu de s'en servir, il faut contribuer à les émousser le plus possible afin qu'ils deviennent inoffensifs.

Aux origines du « politiquement correct »

Il est difficile d'évoquer la vie des idées en France sans parler d'une notion depuis trente ans omniprésente dans le débat public : le « politiquement correct », devenu une référence obligée des conservateurs critiquant le verrouillage du débat public par la gauche progressiste. La dénonciation du politiquement correct ne date pas d'hier. « Le mouvement PC [Politically Correct] qui agite les universités américaines depuis quelques années commence à faire parler de lui en France et en Europe », écrivait le professeur de civilisation américaine Pierre Guerlain dans la revue *Commentaire*[1] dès 1992, ajoutant : « En France il est fort mal reçu aussi bien à gauche qu'à droite. » En effet, à l'époque, les médias de gauche, *Libération*, *Le Nouvel Obs*, *Le Monde*, critiquent unanimement la montée de ce phénomène. Le philosophe libéral Jean-François Revel dans *Le Point* parle alors de « campus de concentration » pour dénoncer un mouvement de contrôle du langage naissant dans les universités américaines.

De quoi s'agit-il exactement ? Dès le début, l'expression « politiquement correct » était ambiguë : rarement revendiquée par les progressistes, elle fut dès le début utilisée ironiquement pour dénoncer les excès d'un certain militantisme de gauche se donnant pour objectif de contrôler avec vigilance les limites du débat public.

1. Pierre Guerlain, « "Politiquement correct", un débat américain », *Commentaire*, n° 60, hiver 1992.

Dans un article fondateur publié dans le *New York Times* en octobre 1990, « L'hégémonie montante du politiquement correct », le journaliste Richard Bernstein s'inquiétait d'une « sorte d'idéologie non officielle régnant à l'université », dénoncée par ses opposants libéraux et conservateurs sous le terme de « politiquement correct ». Celle-ci puisait sa source dans le radicalisme politique des années 1960, décrivant un Occident dominé par le pouvoir du mâle blanc et l'hégémonie patriarcale. La nouvelle gauche américaine des années 1970-1980 reprend ces théories. Ironie de l'histoire : alors que le politiquement correct est dénoncé en France comme une colonisation étasunienne, il est critiqué là-bas comme un produit importé de la French Theory, la pensée critique française des années 1960-1970 (Derrida, Barthes, Foucault) qui a imposé l'idée d'une violence symbolique du langage.

« Toute langue est fasciste », affirme ainsi Roland Barthes dans sa leçon inaugurale au Collège de France (1977). Les mots, parce qu'ils enferment le réel dans des catégories, parce qu'ils *distinguent*, sont déjà une forme d'oppression. « Dès qu'elle est proférée, fût-ce dans l'intimité la plus profonde du sujet, la langue entre au service d'un pouvoir », dit Barthes : il n'y a pas de neutralité possible. Dès lors, agir sur la langue, c'est transformer la société, rendre la langue plus égalitaire, c'est permettre l'avènement d'une société plus juste. D'où cette volonté d'une euphémisation du langage par périphrases afin de lutter contre le sexisme, le racisme ou l'homophobie. Ainsi, aux États-Unis, on commence dans les années 1970 à remplacer le mot « *nigger* » par « *black* », puis « *Afro-American* », le mot « *man* » par « *person* » (*chairman* devient *chairperson*), etc. On qualifie d'« *insensitive* », d'« insensibles », les personnes se refusant à ces transformations du langage. Aujourd'hui, l'écriture inclusive, qui propose d'améliorer le sort des femmes en les rendant plus visibles dans la langue (la langue française étant jugée particulièrement sexiste par son usage du neutre), est l'aboutissement de ce processus.

Pour le philosophe conservateur américain Harvey Mansfield, qui reprend les thèses d'Allan Bloom dans *L'Âme désarmée*, le politiquement correct provient de la pénétration de Nietzsche dans les universités américaines sous la forme d'une politisation de la philosophie et des sciences sociales. Pour Nietzsche, il n'y a pas d'objectivité, toute philosophie comporte une intention morale, et trahit la situation du sujet qui l'énonce. Cette politisation de la philosophie abolit la distinction fondatrice du libéralisme entre le privé et le politique. « Le personnel est politique » est un slogan fondateur du féminisme radical des années 1960, dans lequel Harvey Mansfield voit la source du politiquement correct qui s'est ensuite étendu aux questions de race et d'homophobie. Ces nouveaux militants ne se contentent pas d'une égalité des droits dans le public, mais traquent les discriminations jusque dans la sphère privée. « Si vous n'êtes pas partie prenante de la solution, c'est que vous êtes partie prenante du problème », est aussi un slogan du gauchisme des années 1960, qu'on retrouve aujourd'hui dans l'injonction à « checker » ses privilèges, c'est-à-dire à mener un examen de conscience pour remettre en cause ses biais inconscients de racisme.

Dénoncé dans les années 1990 à la fois par les conservateurs et les libéraux comme un phénomène inquiétant, le politiquement correct semble être sorti du débat public pour ressurgir avec une vigueur inédite ces dernières années. Les réseaux sociaux donnent une nouvelle vigueur à une police intellectuelle, les Social Justice Warrior (SJW), ces « guerriers de la justice sociale » les utilisant pour mener des opérations de *cancel culture*. Un exemple récent et emblématique est le cas de J. K. Rowling. La créatrice d'*Harry Potter* a été traînée dans la boue, ses livres brûlés en place publique aux États-Unis, pour avoir osé rappeler la différence des sexes, et que les personnes trans n'étaient pas des femmes. Le danger du politiquement correct ne se situe pas seulement dans l'amoindrissement de la liberté de penser et de créer. Il crée aussi les conditions d'un *backlash* qui pourrait aller très loin. Déjà l'élection de Donald Trump en 2016 avait tout l'air d'une « Némésis du politiquement correct » (Alain Finkielkraut). Quand on interdit le langage, certains éprouvent le besoin de crier. Au déni répond la caricature, à la censure la provocation, à l'euphémisation doucereuse et inclusive la brutalisation sans nuances. Au politiquement correct, un politiquement incorrect, qui fait lui aussi système, empêchant parfois de penser.

Bensoussan, Bruckner, Zemmour : des intellectuels au tribunal

En septembre 2019, Éric Zemmour, journaliste au *Figaro* qu'on ne présente plus, a été définitivement condamné pour « provocation à la haine raciale », et ce pour avoir déclaré lors de l'émission « C à vous » le 6 septembre 2019 que les musulmans avaient « le choix entre l'islam et la France », et que la France vivrait « depuis trente ans une invasion ». Il avait ajouté que « dans d'innombrables banlieues françaises où de nombreuses jeunes filles sont voilées », se jouerait une « lutte pour islamiser un territoire », « un djihad ». En réaction à cette condamnation, *Le Monde* qualifiait dans son édito du 1er octobre 2019 le journaliste du *Figaro* de « délinquant », reprenant l'expression employée par l'historien Gérard Noiriel, qui accusait Zemmour de promouvoir une forme de « délinquance de la pensée » (ce qui suppose, soit dit en passant, qu'il existerait donc une « police » de la pensée). Le « journal de référence » exhortait publiquement ses confrères à ne plus faire travailler le polémiste : « Éric Zemmour doit cesser d'être un "bon client" pour les journalistes et les médias qui l'emploient. » Les journalistes étaient invités à se faire auxiliaires de justice en prolongeant la peine pénale par un ostracisme médiatique : toute personne condamnée, même ayant purgé sa peine, devant être exclue des médias. À l'égard d'Éric Zemmour, la gauche emploie un syllogisme hasardeux : elle relève l'omniprésence médiatique du polémiste, preuve qu'il n'existerait pas de censure, mais qu'au contraire la parole réactionnaire serait « libérée » ; elle appelle pourtant à sa disparition médiatique, et donc à une forme exceptionnelle de censure. Quoi qu'on pense du caractère exagéré, ou même faux, des opinions d'Éric Zemmour, on peut déplorer, comme l'avocat Richard Malka, ce « triste renoncement à la culture du débat ».

La France, soi-disant pays de la liberté de pensée, est surtout la patrie des lois liberticides, et on assiste ces dernières années à la judiciarisation progressive du débat d'idées et la guerre intellectuelle se termine de plus en plus souvent au tribunal. L'idée que « les mots tuent » aboutit à une pénalisation de la pensée. Celle-ci est rendue possible par un arsenal législatif restreignant les contours de la liberté d'expression, lancé par la loi Pleven de 1972 qui sanctionne l'incitation à la haine raciale et envers les religions. Comme l'a noté la philosophe Anastasia Colosimo, celle-ci permet, en rattachant l'injure non plus à l'individu mais au groupe, une forme de laïcisation du blasphème dans la République. Cette restriction de la liberté d'expression, destinée à réprimer les discours blessants, a été étendue par les lois mémorielles des années 1990, puis plus récemment par la loi Avia destinée à lutter contre « les contenus haineux sur Internet », retoquée par le Conseil constitutionnel en juin 2020.

Les intellectuels, les acteurs de la vie des idées se retrouvent de plus en plus souvent au tribunal. Il y eut le procès Houellebecq en 2002, où l'écrivain poursuivi pour injure raciale et incitation à la haine religieuse[1] a été relaxé. Puis le procès en 2007 des caricatures de Mahomet publiées dans *Charlie Hebdo*, dont l'intense médiatisation mit dans le dos du journal une cible qui allait se révéler fatale.

1. Pour avoir dit lors d'une interview dans la revue *Lire* : « La religion la plus con, c'est quand même l'islam. »

Le cas de Georges Bensoussan est lui aussi révélateur. Cet historien de renom, spécialiste de la Shoah, était invité le 10 octobre 2015 dans l'émission «Répliques» d'Alain Finkielkraut sur France Culture pour débattre sur «Le sens de la République» face à l'historien Patrick Weil. Évoquant l'antisémitisme des banlieues, Bensoussan cita approximativement le sociologue algérien Smaïn Laacher, lui prêtant ces mots : «C'est une honte de maintenir ce tabou à savoir que, dans les familles arabes en France, l'antisémitisme, on le tète avec le lait de la mère[1].» Déchaînement sur les réseaux sociaux. Le CSA envoie un avertissement à Alain Finkielkraut pour ne pas avoir contredit son invité. Plusieurs associations parmi lesquelles le Collectif contre l'islamophobie en France (CCIF), SOS Racisme, la Ligue des droits de l'homme (LDH) et la Licra (profondément divisée sur ce sujet) portent plainte contre l'historien pour incitation à la «discrimination, la haine ou la violence à l'égard d'une personne ou d'un groupe de personnes à raison de leur origine [...] en l'espèce la communauté musulmane». Le procureur de la Réplique prit la décision de poursuivre. L'avocat de la LDH évoquera à la barre des «propos prégénocidaires». À la grande sidération de l'avocat de Benssoussan, maître Michel Laval, qui dira devant la présidente de la 17e chambre correctionnelle : «Jamais, quand il y a plus de quarante ans j'ai franchi les grilles de ce palais, je n'aurais imaginé devoir plaider un jour une telle

1. Les propos originaux de Smaïn Laacher étaient : «Cet antisémitisme, il est déjà déposé dans l'espace domestique. Il est dans l'espace domestique et il est quasi naturellement déposé sur la langue, déposé dans la langue.»

cause. Jamais, je n'aurais imaginé devoir défendre la liberté d'expression et de pensée contre les forces ténébreuses d'un nouveau fanatisme.» «Un antiracisme dévoyé vous enjoint de criminaliser l'inquiétude au lieu de combattre la réalité sur laquelle elle se fonde. Si vous cédez, ce sera une catastrophe intellectuelle et morale», prévenait quant à lui Alain Finkielkraut, appelé à la barre pour témoigner. Georges Bensoussan sera finalement relaxé en première instance et en appel, puis blanchi définitivement devant la Cour de cassation.

Troisième cas emblématique : celui de l'écrivain Pascal Bruckner, poursuivi devant la 17e chambre correctionnelle pour des propos tenus dans l'émission «28 minutes» sur Arte en 2015, où il avait déclaré qu'il «fallait faire le dossier des collabos, des assassins de *Charlie*», citant entre autres le rappeur Nekfeu, la polémiste Rokhaya Diallo et l'association Les Indigènes de la République d'Houria Bouteldja, accusés de «justifier idéologiquement la mort des journalistes de *Charlie Hebdo*». Lors du procès, l'intellectuel et ancien ministre Luc Ferry appuya l'écrivain, affirmant qu'il existait bien une complicité objective entre ces personnalités islamo-gauchistes et les tueurs, «comme Rebatet et Drumont étaient les complices objectifs du fascisme. Comme Aragon et Althusser qui, s'ils n'ont pas armé la mitraillette, ont été les complices du stalinisme». Après d'âpres débats, Pascal Bruckner a été lui aussi relaxé, ce qui montre qu'il reste un peu de raison dans notre système judiciaire.

Cependant ces cas, de plus en plus fréquents, témoignent d'une judiciarisation du débat d'idées préoccupante, rendue possible par la multiplication de lois restreignant de plus en plus les contours de la liberté d'expression. À mesure que la confrontation d'opinions antagonistes fait son retour dans le débat public, la tentation d'expurger celui-ci de tout discours violent ou de toute généralisation abusive se fait, elle aussi, de plus en plus grande.

Le sectarisme assumé de la gauche radicale

Si le sectarisme compassionnel de la *cancel culture* et la judiciarisation du débat d'idées à la française prospèrent, le bon vieux sectarisme de la gauche radicale n'est pas mort pour autant. Il semble même trouver une seconde jeunesse à la faveur d'une radicalisation de la basse intelligentsia. Boycotter, traîner devant les tribunaux n'est pas toujours nécessaire : il suffit parfois tout simplement de refuser de débattre. «Il y a à l'extrême gauche un refus du débat. Le contradicteur est vu comme un adversaire, un ennemi avec qui débattre, c'est s'abaisser moralement», estime le sociologue Gérald Bronner[1], régulièrement la cible d'attaques extrêmement sectaires.

Ainsi, invité à débattre avec les autres intellectuels à l'Élysée en décembre 2018, le philosophe et économiste Frédéric Lordon, gourou de la gauche radicale, refusa de s'y rendre. «Vous comprendrez que si c'est pour venir faire tapisserie le petit doigt en l'air au milieu des pitres façon BHL, Enthoven, ou des intellectuels de

1. Entretien avec l'auteur.

cour comme Patrick Boucheron, je préférerais avoir piscine ou même dîner avec François Hollande. Au moins votre invitation ajoute-t-elle un élément supplémentaire pour documenter votre conception du débat. Savez-vous qu'à part les éditorialistes qui vous servent de laquais et répètent en boucle que la-démocratie-c'est-le-débat, votre grand débat à vous, personne n'y croit ? » écrit-il au président de la République sur son blog.

Contacté pour un entretien en vue de ce livre, voici ce que m'a répondu le philosophe. Je me permets de reproduire ce message qui me semble résumer à merveille sa pensée.

> Chère Eugénie Bastié,
>
> Comme j'ai écrit pas mal ces dernières années, ce serait de la dernière arrogance de supposer que vous avez l'ensemble en tête. Cependant, en 2015, j'avais écrit sur le blog du *Diplo* un texte intitulé « Clarté », qui était un refus parfaitement net opposé à Jacques Sapir de constituer un front de tous les souverainistes. J'entends bien qu'il ne s'agit pas de ça à proprement parler dans votre proposition. Mais un peu quand même. Dans une période d'une extrême dangerosité politique, où des choses atroces sont en train de mûrir, dont certaines activement encouragées par votre journal, tenir une ligne claire, et surtout ferme, m'est de la première importance. Je vous crois tout à fait sincère dans votre appétence pour les idées en général et tout à fait démunie de toute intention de me piéger. Mais l'époque, les forces inquiétantes qui y œuvrent, auxquelles pour une part vous vous associez, m'interdisent catégoriquement de donner la moindre suite à votre proposition. On ne débat pas pour le simple plaisir de la confrontation des idées : on débat dans une certaine

conjoncture, et c'est la conjoncture qui dicte ses réquisits. Vous connaissez maintenant ma façon de lire ceux de la nôtre.

Avec mes sentiments les meilleurs.

« On ne débat pas pour le simple plaisir de la confrontation des idées » : voici exposée en termes clairs la théorisation assumée d'un refus de la conversation civique. « La-démocratie-c'est-le-débat » : l'expression ricaneuse est révélatrice d'une conception illibérale assumée de l'espace public. L'espace démocratique ne serait qu'un théâtre dont les dominants tireraient les ficelles, un spectacle destiné à distraire les foules de l'objectif révolutionnaire, un jeu d'ombres pour manipuler les masses endormies.

« L'extrême droite : on ne débat pas, on la combat » est un vieux slogan antifasciste. Mais Lordon l'étend à l'ensemble du spectre politique hors de la gauche radicale. Dans sa logique, le « débat » au sein de l'« espace public » habermassien n'est qu'un paravent servant à masquer, sous le décor d'un théâtre pluraliste, l'hégémonie du « néolibéralisme » sur le débat public. « Les droits de l'homme sont la vaseline dont se sert la bourgeoisie pour enculer le prolétariat », lisait-on sur une banderole à Nanterre en mai 1968. Lordon reprend cette rhétorique : le « débat » est l'opium dont se sert l'élite néolibérale pour endormir la vigueur de la gauche radicale. Lordon lui, n'est pas là pour débattre, encore moins rigoler : le combat d'idées est une guerre qui ne se mène pas à coups de tables rondes policées avec l'adversaire mais par la mise en réseau de son propre camp.

C'est l'antienne de Bourdieu dans *Contre-feux*, sous-titré *Propos pour servir à la résistance contre l'invasion néolibérale*, et publié en 1998 : la pensée critique doit s'organiser en réseaux d'intellectuels collectifs pour combattre l'hégémonie supposée du néolibéralisme. Non pas se confronter à l'adversaire dans l'espace public, non pas se prêter aux jeux des plateaux télé, mais créer ses propres espaces, ses propres réseaux.

L'intransigeance de Lordon est reprise par l'écrivain Édouard Louis, et le sociologue Geoffroy de Lagasnerie dans leur *Manifeste pour une contre-offensive intellectuelle et politique*[1]. Partant du principe qu'« il existe aujourd'hui une fascination pour l'extrême droite » dans l'espace public, les jeunes penseurs fétiches de l'intelligentsia radicale-chic dénoncent le « mythe de l'espace public comme lieu unifié de délibération » et établissent un « principe de refus ». Il faut selon eux « fuir les débats imposés, refuser de constituer certains idéologues comme des interlocuteurs, certains thèmes comme discutables, certains problèmes comme pertinents ». Les deux jeunes gens s'étaient illustrés en appelant au boycott des Rendez-vous de l'histoire de Blois en septembre 2014, au motif de la présence de Marcel Gauchet, invité à prononcer la séance inaugurale, coupable d'avoir « invité dans [sa revue] *Le Débat* tout ce que la France compte d'idéologues réactionnaires ».

Interrogé par *Le Magazine littéraire* sur son sectarisme, voici ce que Geoffroy de Lagasnerie répond :

1. « Intellectuels de gauche, réengagez-vous ! », tribune dans *Le Monde*, 27-28 septembre 2015.

« Ce n'est pas ma faute si, quand j'entends quelqu'un de droite parler, je n'y comprends rien. Je n'y vois que des mensonges, des pulsions violentes maquillées en raisonnement, des mystifications, des absurdités. » Et quand on lui demande s'il regrette son appel au boycott contre Marcel Gauchet, l'intellectuel assume sa fermeture d'esprit : « Non. Bien au contraire. J'aurais aimé être plus violent. La quantité de tolérance qu'il faut pour fréquenter de tels auteurs, pour supporter tout simplement de les côtoyer, de leur dire bonjour, de les citer, d'être assis à côté d'eux, de les faire exister, me paraît incroyable[1]. » L'assurance inouïe de Lagasnerie est certes minoritaire, elle n'en est pas moins révélatrice de la vigueur nouvelle de l'intolérance. Sa franchise est presque rafraîchissante : il proclame tout haut ce que beaucoup d'hypocrites de son camp pratiquent sans assumer.

Minoritaires dans l'espace public, ces penseurs réclament des limites encore plus fortes à la liberté d'expression, afin que seules aient droit de cité des opinions conformes à l'agenda progressiste. Questionnée sur le plateau de « Clique », émission de Canal Plus, en janvier 2019, sur l'affaire Mila, cette jeune fille harcelée pour avoir injurié l'islam, Édouard Louis affirmait ainsi : « La liberté d'expression, c'est connaître les questions que l'on peut poser et les questions que l'on ne peut pas poser. Il y a des questions qui ne sont pas des questions mais qui sont des insultes », citant notam-

1. Geoffroy de Lagasnerie, « Il faut assumer le chaos dans lequel nous vivons », *Le Magazine littéraire*, 27 septembre 2018.

ment la contestation du mariage pour tous. Il ajoutait, péremptoire : « La démocratie, c'est aussi la capacité à clore des sujets. » « Le but de la gauche, c'est de produire des fractures. Je suis contre le paradigme du débat et je l'assume », renchérit Lagasnerie sur France Inter en septembre 2020.

Sans surestimer ce qu'Édouard Louis, Geoffroy de Lagasnerie et le sociologue Didier Eribon, représentent dans la vie intellectuelle française, ils restent emblématiques d'une radicalisation de la basse intelligentsia, qui assume franchement ne plus jouer le jeu de la conversation civique et s'enferme délibérément dans sa famille de pensée. Ce trio qui se réclame du double patronage de Foucault et Bourdieu a beau ne représenter qu'une minorité germano-pratine, leur succès mondain est révélateur de la permanence de l'hégémonie culturelle de la gauche radicale, qui parvient à assurer une influence majeure en dehors du système médiatique, tellement sûre d'appartenir au bon camp qu'elle peut se permettre de refuser le débat. « On voit bien l'asymétrie morale avec l'extrême droite, qui au contraire chercher à tout prix à se légitimer, se respectabiliser », remarque Gérald Bronner. « Dans la vie intellectuelle, l'extrême gauche est en position de citadelle assiégée, l'extrême droite en position offensive de conquête », ajoute l'auteur du *Danger sociologique*. Une dynamique inversée qui structure aujourd'hui la bataille des idées.

4

L'ère du clash : des intellos trop médiatiques

La scène est bien connue des amateurs de Gifs. On y voit Alain Finkielkraut crier à Abdel Raouf Dafri : « Taisez-vous ! » sur le plateau de « Ce soir ou jamais ». Invité dans le célèbre talk-show pour parler de son livre *L'Identité malheureuse*, l'écrivain et philosophe perd ses nerfs face à l'obtuse bêtise du scénariste qui lui déclare : « Vous savez ce que dit votre livre ? "J'aimais bien la France d'avant, mais celle de maintenant, je ne peux plus la supporter, car il y a trop de négros et trop de bicots." » Peu importe que la caricature ait été moins du côté de Finkielkraut que du côté d'Abdel Raouf Dafri, tant pis si le philosophe et académicien s'exprime dans des essais où la clarté de la langue le dispute à la nuance du propos, ce « clash » télévisuel rendu célèbre par la séquence « Taisez-vous ! » est pris comme emblème du débat impossible dans une vie intellectuelle résumée à des noms d'oiseaux lancés sur les plateaux. Avec d'autres, Alain Finkielkraut est défini par ceux qui veulent le critiquer comme un « intellectuel médiatique », expression péjorative visant à disqualifier l'adversaire.

« Ils sont beaux, ils sont sur tous les plateaux et ils ont lu Kant. » Sur la une de *L'Express* du 6 août 2018, consacré aux « intellos people », s'étalaient les visages souriants de nouvelles stars de la pensée : la journaliste Natacha Polony, le philosophe Raphaël Enthoven, le politique Raphaël Glucksmann, ou encore la psychanalyste Cynthia Fleury. Quoi de commun entre la patronne souverainiste de *Marianne* en look total cuir et le philosophe de France Culture en col roulé noir et barbe de trois jours ? Leur habitude des plateaux télé, leur talent vulgarisateur, leur capacité à aborder n'importe quel sujet en prenant de la hauteur et en distillant quelques repères à une opinion déboussolée. C'est que, paradoxalement, en notre époque légère, le rôle de l'intellectuel prend une nouvelle dimension : non plus se constituer en avant-garde éclairée de l'Histoire en marche, mais démêler l'écheveau d'une actualité de plus en plus complexe. On ne leur demande plus tant une vision du monde cohérente, un programme idéologique, qu'un décryptage de la polémique du jour. Aussi, les intellectuels deviennent de bons clients sur les plateaux télé de plus en plus consacrés à la dispute des idées. Non sans provoquer débat, inquiétudes et jalousies : quitter la chaire universitaire pour les projecteurs des chaînes d'information en continu, le silence studieux des bibliothèques pour le tapage des réseaux sociaux, est-ce se compromettre ? Est-ce participer au divertissement généralisé ou bien toucher des publics autrement hors de portée ? Comment réagir à l'actualité sans céder aux sursollicitations médiatiques qui démonétisent la parole ? Entre le retrait nécessaire au travail de la pensée et l'objectif louable de la transmission, comment trouver le bon dosage ? Lorsqu'on est journaliste aux pages Débats d'un grand quotidien, il faut connaître assez finement le degré de réactivité et de disponibilité des intellectuels pour réagir à l'événement. Il y a les rapides, capables de se forger un avis en quelques jours sur une guerre ou une épidémie, les vaniteux, qui aiment qu'on les supplie d'offrir au monde leur regard, les scrupuleux, qui demandent du temps et de la distance. Plus rares : ceux qui admettent, modestement, qu'ils n'ont pas d'avis sur le sujet du moment. Mais tous, finalement, partagent à un plus ou moins grand degré le désir d'intervenir médiatiquement. Car c'est la définition même de l'intellectuel, et ce qui le distingue du simple savant.

Certains aiment les médias plus que d'autres. Si on regarde les unes des trois principaux hebdomadaires d'actualité (*L'Express*, *Le Point*, *L'Obs*) ces cinq dernières années, on trouve un vainqueur haut la main : Michel Onfray, avec sept unes (2 de *L'Obs*, 1 de *L'Express*, et 4 du *Point*), suivi d'Alain Finkielkraut (4 unes) et Régis Debray (3 unes)[1].

---

1. Unes de *L'Obs* entre 2015 et 2020 consacrées à des intellectuels : Michel Onfray (x2), Alain Finkielkraut, Thomas Piketty, Raphaël Glucksmann, Leïla Slimani, Salman Rushdie, Boris Cyrulnik, Daniel Cohen, Emmanuel Todd, Michel Houellebecq, Régis Debray et Edgar Morin.

L'Express : Bernard-Henri Lévy (x2), Michel Onfray, Régis Debray, Alain Finkielkraut, Gilles Kepel, Jean Tirole, Luc Ferry, Salman Rushdie, Sylvain Tesson, Zineb el-Rhazoui, Élisabeth Badinter.

Le Point : Zineb el-Zarahoui, François-Xavier Bellamy, Michel Onfray (x4), Yoval Hariri, Raphaël Enthoven, Laetitia Strauch-Bonart, Élisabeth Badinter, Kamel Daoud, Alain Finkielkraut (x2), Pascal Bruckner, Régis Debray.

Ces penseurs sont régulièrement accusés d'être « trop » médiatiques. On leur reproche d'être omniprésents, de dégrader leur vocation, on les oppose aux savants, aux chercheurs, qui loin des projecteurs, dans les bibliothèques ou les archives, travaillent à l'élaboration d'une vérité scientifique.

L'intellectuel et l'âge médiatique

Le débat n'a rien de nouveau. Dans *Le Pouvoir intellectuel en France*, publié en 1981, Régis Debray décrivait l'âge médiatique de la vie intellectuelle par une domination de l'image sur l'écrit (le passage de la graphosphère à la vidéosphère), qui a obligé les intellectuels à redéfinir leur rôle et leur mode d'intervention, non plus fondés sur la défense d'un système de valeurs, mais sur la réaction à l'actualité. Le philosophe Michel Foucault fut l'un des premiers à théoriser le rôle du « philosophe-journaliste » : « Je me considère comme un journaliste, dans la mesure où ce qui m'intéresse, c'est l'actualité, ce qui se passe autour de nous, ce que nous sommes, ce qui arrive dans le monde. [...] C'est pourquoi, pour moi, la philosophie est une espèce de journalisme radical. » Alain Finkielkraut, par exemple, dit avoir été beaucoup influencé par cette conception de Foucault qui le poussa notamment à effectuer des « reportages d'idées » pour le *Corriere della Sera*.

Mais ce sont les « nouveaux philosophes » qui se sont engouffrés, les premiers, dans la brèche. On doit la postérité de cette appellation à la fameuse émission

« Apostrophes » du 2 mai 1977, intitulée par Bernard Pivot « Les nouveaux philosophes sont-ils de droite ou de gauche ? » et qui rendit célèbres les deux jeunes penseurs antitotalitaires André Glucksmann et Bernard-Henri Lévy. Ce dernier y fit sa première apparition audiovisuelle, crevant l'écran, chemise blanche ouverte, cigarette négligemment tenue à la main, à l'aise comme s'il était dans son salon. « La fille de Pivot a dit à son père : "Il paraît que chez toi, y avait Rimbaud[1]" », se souvient aujourd'hui avec délices le philosophe. *La Barbarie à visage humain*, écrit en quelques semaines sous amphétamines, se vend à des milliers d'exemplaires et vaut à son auteur un succès fulgurant, tout en agaçant fortement d'autres penseurs antitotalitaires qui se veulent du même bord, comme l'historien Vidal-Naquet ou le sociologue Cornelius Castoriadis. BHL incarne la figure de ce qu'on appellera, pour le dénoncer, l'« intellectuel médiatique », ce « *fast-thinker* » qui a pris le relais de l'« intellectuel prophétique » sartrien. Celui-ci se caractérise par le hiatus qui existe entre la bienveillance des critiques qu'il reçoit dans la presse et le silence glacial et hostile qui l'accueille dans les milieux universitaires. « BHL est arrivé avec son élégance naturelle, son élocution facile », se souvient Pierre Nora[2], qui fustigea dans *Le Débat* la montée en puissance de l'intellectuel médiatique. « Ce n'est pas qu'une question de télévision. Ricœur et Lévi-Strauss passaient des heures à la télévision. Mais la grande

1. Entretien avec l'auteur.
2. Entretien avec l'auteur.

différence avec BHL, c'est qu'on a là un homme qui conçoit son œuvre en fonction de l'impact médiatique qu'elle aura», analyse sévèrement l'historien. Malgré les attaques nombreuses dont il fait l'objet, BHL assume : «Oui, j'aime bien la lumière[1]», me confie-t-il, attablé dans le salon confortable d'un restaurant étoilé du 8e arrondissement. À soixante et onze ans, le philosophe semble figé dans l'image immémoriale qu'on a de lui : chemise immaculée au col Mao ouvert sur un torse bronzé, cheveux mi-longs grisonnants encadrant un visage trop légèrement ridé pour son âge. Il me tend d'autorité un *Paris Match* avec en une : «Au Nigeria, on massacre les chrétiens : le reportage de Bernard Henri-Lévy». «Lisez, ça vous intéressera.» Le philosophe aime intervenir dans la presse et a des liens très étroits avec les médias traditionnels : il a fait partie pendant des années du conseil de surveillance d'Arte et de *Libération*, et appartient toujours à celui du *Monde*. Bouc émissaire de la caste des intellectuels, il ajoute à la détestation de ceux qui vomissent la starisation de la pensée une forme de haine sociale de celle que connurent les aristocrates, car, en plus d'être célèbre, il est fortuné, double faute pour la gauche universitaire. BHL assume sa vocation et assure qu'on peut être un bon philosophe et s'engager médiatiquement pour une cause : «On peut faire les deux. Quand j'écris, je travaille, je m'enferme. Puis il y a un deuxième régime de parole qui consiste à alerter, à intervenir. L'un ne corrompt pas l'autre», veut croire l'intellectuel.

1. Entretien avec l'auteur.

Reste que l'irruption bhlienne chez Pivot à la fin des années 1970 allait marquer le basculement de la vie des idées dans l'ère médiatique. « Les intellectuels sont tombés par terre, c'est la faute à Nanterre. Le nez dans le ruisseau, c'est la faute à Pivot », fredonnaient déjà Hamon et Rotman dans leur essai *Les Intellocrates*, publié en 1981. Il était alors de bon ton de déplorer l'abaissement de la vie de la pensée, obligée de se plier aux canons de l'audimat. Bernard Pivot et son émission étaient déjà accusés de transformer la vie de l'esprit en divertissement et de faire des écrivains et intellectuels des amuseurs publics. « À l'époque, c'était la honte d'aller chez Pivot, se souvient Pierre Nora. Vidal-Naquet m'a envoyé un mot après *Les Lieux de mémoire* en me disant : "Je n'aurais eu que du bien à dire de ton livre si tu n'étais pas allé chez Pivot." » Il se rappelle également avoir accompagné l'historien médiéviste Georges Duby sur le plateau d'« Apostrophes » pour son livre *Le Temps des cathédrales* : « Il avait l'impression d'aller dans une maison de passe, il y était allé en cachette de sa femme ! » Pourtant, à revoir ces émissions littéraires aujourd'hui, on a la nostalgie d'un service public exemplaire où se tenaient des exercices de transmission d'un niveau incomparable à celui des talk-shows d'aujourd'hui.

L'« intellectuel médiatique », une critique de gauche

À cette critique « aristocratique » de l'intellectuel médiatique galvaudant le travail académique à l'aune de l'audimat, troquant la lenteur pour l'immédiateté, s'ajoute une critique émanant de la gauche radicale. Le sociologue Pierre Bourdieu s'illustrera particulièrement dans cette attaque, menée au nom d'une vision du monde conspirationniste qui voit dans l'intellectuel de médias un serviteur du « système » dominant. Bourdieu assume ainsi son refus de débattre avec les « nouveaux philosophes », trop télégéniques à son goût. Dans une interview en 1991, il évoque avec la condescendance qui lui est coutumière ces « sous-philosophes qui ont pour toute compétence de vagues lectures, de vagues textes, des gens comme Alain Finkielkraut. J'appelle ça les pauvres Blancs de la culture [...] toute leur vie, ils diraient : voilà, j'ai parlé avec Bourdieu[1] ». Ce mépris qui nous semble tout à fait outrancier n'est pas chez Bourdieu qu'un réflexe d'orgueil : le sociologue a théorisé la disqualification de l'intellectuel médiatique, qui, bien sûr, n'appartient jamais aux rangs de la gauche radicale, mais toujours à ceux de l'ennemi, « néolibéral » ou « réactionnaire ». En effet l'usage dépréciatif du terme « intellectuel médiatique » est toujours employé pour disqualifier des intellectuels classés à droite (celle-ci ayant un spectre très large).

Cette critique de la médiatisation sera étayée par Pierre Bourdieu à l'occasion du traitement journalistique des grèves de 1995, qu'il jugeait trop déséquilibré, trop favorable au pouvoir en place. En 1996, le journaliste Daniel Schneidermann invitait le sociologue dans son émission « Arrêt sur image » pour discuter de ce

1. Entretien à *L'Hebdo*, 14 novembre 1991.

thème : « La télévision peut-elle parler des mouvements sociaux ? » L'auteur de *La Distinction* refusait de se rendre à la télévision, considérant qu'elle était un espace aliénant pour la pensée. Il fit une exception pour Schneidermann, mais l'émission se passa très mal : Bourdieu ne souhaitait pas qu'on l'interrompe, voulait se poser lui-même ses propres questions, choisir les invités, et ne supportait pas le principe même de la contradiction. Peu après, il publia un article exaspéré dans *Le Monde diplomatique*, intitulé « Analyse d'un passage à l'antenne » où il dénonçait l'illusion de pouvoir critiquer la télévision à la télévision. Il y étalait son « sentiment que [sa] confiance avait été abusée ». « La télévision, instrument de communication, est un instrument de censure », écrivait, amer, le sociologue.

Pour Bourdieu, la télévision est donc toujours un « instrument de pouvoir ». L'Église catholique parlerait de « structure de péché ». L'intellectuel qui s'y plie est donc aux ordres, soumis à la logique infernale de la performance. « Bourdieu détestait la télévision, et la seule fois qu'il y est allé, il a fait un pur monologue. Ce qu'il détestait, ce n'est pas la simplification, mais le dialogue. Il ne hait pas la médiatisation mais la conversation. Sous l'apparence d'une critique des médias, c'est une allergie à la démocratie », s'agace Alain Finkielkraut[1].

Et, en effet, on peut se demander si la disqualification de l'intellectuel médiatique n'est pas une façon commode de délégitimer l'adversaire et un refus sous-jacent

1. Entretien avec l'auteur.

du débat dans l'espace libéral de la part d'une gauche radicale mal à l'aise avec le pluralisme.

Cette critique des médias est depuis devenue un genre à part entière à la gauche de la gauche. En 1995, dans la foulée des grandes grèves et de la critique médiatique lancée par Bourdieu se crée le site Acrimed (Action-Critique-Médias), animé par le militant trotskiste Henri Maler. L'observatoire, qui se donne pour vocation « une critique indépendante, radicale et intransigeante » des médias, est en réalité indexé sur un agenda d'extrême gauche : c'est l'extrême droite (dans un sens élargi qui englobe jusqu'à Christophe Barbier) qui est systématiquement visée et déconstruite, tandis que l'« insécurité » y est décrite comme un sentiment monté en épingle par les journaux télévisés et les chaînes d'information en continu. En 1997, le journaliste Serge Halimi, disciple de Bourdieu, publie *Les Nouveaux Chiens de garde*, pamphlet qui reprend l'apostrophe de Nizan, et dénonce la collusion qui existerait entre les pouvoirs politiques, médiatiques et économiques. en 2011, le chercheur Pascal Boniface publie *Les Intellectuels faussaires. Le triomphe médiatique des experts en mensonge* où il s'étonne avec une fausse candeur touchante : « Pourquoi les "faussaires" ne sont-ils pas démasqués mais bénéficient, au contraire, d'un avantage comparatif par rapport à ceux qui sont trop scrupuleux pour oser s'affranchir des règles de l'honnêteté intellectuelle ? » Dans son viseur : les journalistes Caroline Fourest et Philippe Val, le géopolitologue Frédéric Encel et le philosophe Bernard-Henri Lévy, tous ayant selon l'auteur en commun une tendance fâcheuse à défendre l'État d'Israël. En 2012, c'est au tour du journaliste indépendant Sébastien Fontenelle de publier *Les Briseurs de tabou. Intellectuels et journalistes « anticonformistes » au service de l'ordre dominant* où il dénonce les « éditocrates » qui, sous prétexte de lutter contre le « politiquement correct » contribueraient à une « libération de la parole raciste ». Il cible entre autres Pascal Bruckner, Caroline Fourest, Michel Onfray, Éric Zemmour et Alain Finkielkraut. Auteur du blog « Ma vie au poste », le journaliste de *Télérama* Samuel Gontier s'est fait une spécialité de sélectionner des passages tronqués de plateaux de chaînes d'info en continu censés démontrer l'hégémonie incontestée du camp « néoréactionnaire » dans les médias.

Dans une tribune dans *Le Monde*[1], la sociologue à l'EHESS Gisèle Sapiro s'alarme, elle, de « l'inquiétante dérive des intellectuels médiatiques » dans l'espace public, notamment ces figures de gauche « mues par la défense identitaire » qui interviennent sans cesse dans le débat public, « capables de parler de tout sans être spécialistes de rien ». En réalité, sous couvert de s'alarmer d'une médiatisation intempestive, la sociologue s'alarme davantage de leur « droitisation ». Car le procès en surmédiatisation et en incompétence est étonnamment à sens unique : c'est toujours aux intellectuels dits « réactionnaires » qu'on reproche d'être trop médiatiques, jamais aux intellectuels de gauche. À l'inverse, personne ne s'émeut de la très forte médiatisation des économistes

1. Gisèle Sapiro, « L'inquiétante dérive des intellectuels médiatiques », *Le Monde*, 15 janvier 2016.

anticapitalistes Thomas Piketty ou Thomas Porcher, ou de l'écrasante majorité de penseurs de gauche invités dans les principales émissions de service public.

Il existe aussi une critique des médias à droite, où le terme « désinformation » popularisé par le romancier Vladimir Volkoff dans les années 1980, fait florès. Il est très présent dans les milieux proches de la droite néo-païenne d'Alain de Benoist, toujours habiles à s'inspirer des méthodes de la gauche radicale. Ainsi en 2012 est née l'OJIM (Observatoire du journalisme), sorte d'Acrimed de droite épinglant et fichant les journalistes de gauche, présidé par l'ex-président du GRECE Claude Chollet, qui cite abondamment comme référence le situationniste Guy Debord et *Les Nouveaux Chiens de garde* de Serge Halimi. Cette dénonciation d'un système médiatique inféodé à la gauche morale reste marginale et bien moins organisée que la délégitimation de l'intellectuel médiatique de droite par la gauche.

Dans son livre *Le Nouveau Régime*, le sociologue québécois Mathieu Bock-Côté montre comment le désaccord civilisé entre opinions divergentes est transformé en opposition manichéenne entre « faussaires » et « scrupuleux ». Ainsi on peut joindre à la disqualification morale de l'adversaire la délégitimation académique : non seulement les opinions exprimées sont « nauséabondes » et déplaisantes, mais elles sont en plus fausses, et ne méritent pas un brevet d'intellectualité. Le fait de passer à la télévision devient en soi disqualifiant. Au nom de ce nouvel hygiénisme, tout un pan de la gauche académique et militante s'est détourné des médias « mainstream », abandonnant le terrain à une droite intellectuelle en pleine reconquête.

Y aller ou pas ? Le dilemme des intellos

« L'écart entre le monde savant, qui a tendance à se replier sur lui-même, et le monde médiatique s'est accru. Avant il y avait davantage de liens entre le travail scientifique et la préoccupation du contemporain », admet l'historien Pierre Rosanvallon. Le fossé entre les universitaires et les intellectuels médiatiques ne cesse de se creuser : ils constituent désormais deux mondes à part. « Dans le monde académique, il s'élabore une clarification du rapport entre les malentendus et les divergences, alors que dans le monde médiatique règne un accélérateur de forces centrifuges », poursuit-il.

Convaincue par la critique de Bourdieu d'un espace médiatique structurellement inféodé aux logiques de pouvoir, une partie du monde académique de gauche s'en est détournée, délaissant l'arène télévisuelle pour le culte de la chaire, préférant le temps long et souterrain du travail universitaire à l'intervention dans l'actualité. Claquemurée, cette gauche universitaire ne veut plus exister médiatiquement. Méprisant les plateaux télé, ces mandarins se réfugient dans la citadelle des sciences sociales. « Pour une certaine gauche universitaire, intervenir dans le débat public de façon généraliste, c'est se commettre », estime ainsi le politologue Laurent Bouvet. Quitte à laisser le champ libre au camp adverse. « Je suis d'une génération qui a négligé la télévision comme outil de démocratisation du savoir. Je le regrette[1], admet ainsi Patrick Boucheron. Parce que ça n'était pas notre milieu. En Italie par exemple c'est différent : un universitaire comme Umberto Eco n'a pas hésité à y aller.» Depuis son bureau du Collège de France, l'historien confie son malaise à aller dans les médias : «Avant j'allais sur les plateaux, aujourd'hui je n'irais plus. En revanche, je n'en fais pas système comme Bourdieu, je ne prends pas de grands airs. Certains vont sur les chaînes de débat, pas moi, ça me met mal à l'aise, ce n'est pas mon monde», reconnaît-il. S'identifiant davantage à la posture de l'intellectuel «spécifique» foucaldien, il est réticent à intervenir sur n'importe quel sujet : «Quand je suis chez France Inter et qu'on me demande ce que je pense des Gilets jaunes, je réponds : "Rien."» Il dit répugner à signer les pétitions qu'on lui propose, en moyenne une fois par semaine. Une exception : la cause des réfugiés, «sa corde sensible», sur laquelle il s'est autorisé à intervenir à plusieurs reprises dans les médias, notamment *via* une tribune, publiée dans *L'Obs* en janvier 2018, où il critiquait violemment la politique d'Emmanuel Macron à l'égard des migrants.

Tous n'ont pas ces précautions à l'égard de l'interventionnisme médiatique. L'écrivain Pascal Bruckner dit, lui, qu'il n'aime pas ça, qu'il y va très rarement, pour la promotion de ses livres. Le sociologue Jean-Pierre Le Goff aime réagir à l'événement par écrit, à travers des entretiens dans *Le Figaro* (sur l'enterrement de Johnny, l'affaire Griveaux, le coronavirus). Il a une

1. Entretien avec l'auteur.

ligne rouge : l'émission de Laurent Ruquier, « On n'est pas couché », magnifique pour faire grimper les ventes, qui place l'intellectuel dans une arène où le ricanement impie se mêle à la critique féroce des chroniqueurs. « Pour moi, c'est une forme de déshonneur intellectuel. Il y a des seuils à ne pas franchir », confie le sociologue. D'autres ont vaincu leurs scrupules. Alain Finkielkraut affirme, lui, que la télévision l'aide à penser. Invité sur un plateau télé pour réagir à une polémique montante, le philosophe prépare soigneusement son sujet et arrive les bras chargés de livres, au grand désarroi des animateurs.

Raphaël Enthoven fait partie aussi des bons clients. Il est midi à La Rotonde quand le philosophe me reçoit : il déjeune tôt, car il se lève à 4 heures du matin pour écrire. Une vieille habitude qu'il garde de son passage tous les matins à l'antenne d'Europe 1 pour « La morale de l'info », une pastille dans laquelle il commentait l'actualité avec un regard distancié d'intellectuel. Dans un pull noir moulant, fraîchement rasé, le philosophe qui aime séduire parle fort dans la brasserie parisienne au décor 1900. « Pour moi, l'intellectuel médiatique, c'était le danger. J'ai assisté toute mon enfance au spectacle de gens dont le talent s'est bradé à l'étal de l'image. J'ai vu un homme se soucier davantage des effets produits par ses propres paroles que des causes qu'il défendait, BHL, qui a crevé l'écran quand il avait vingt-sept ans, au moment de *La Barbarie à visage humain,* qu'il avait écrit en quinze jours. » Mais Raphaël Enthoven a fini par balayer ses états d'âme et céder aux projecteurs. Son premier passage télé date de 2004 : « Un jour Derrida est mort, et Guillaume Durand m'a dit de venir sur “Campus” pour parler de lui. Je ne l’avais jamais lu. J’ai potassé le sujet pendant vingt-quatre heures, j’avais conçu tout un petit topo sur la déconstruction. Et puis, finalement, on ne m’a pas donné la parole car il y avait Finkielkraut et Serres en plateau ! » se souvient-il avec un sourire. Depuis, le philosophe ne s’est pas arrêté, faisant profession de commenter l’actualité. Il est même l’un des rares intellectuels contemporains à investir le champ de Twitter, répondant pied à pied à ses contradicteurs dans des conversations parfois interminables qui témoignent d’un louable souci de convaincre. N’est-il pas lassé par le tonneau des Danaïdes des réseaux sociaux, où entreprendre une discussion revient souvent à vider la mer de la mauvaise foi avec la petite cuillère de la raison ? « Le moment où quelqu’un débarque, chargé de bonnes intentions et d’envie de nuire avérée, mais se voit contraint d’entamer une discussion, j’aime ça », confie Enthoven. Il espère toujours convaincre. « Je lance mes filets, et à la fin de la journée, je récupère parfois deux anchois et une pieuvre. »

Hypersphère ou ère du clash ?

Faut-il mépriser l’hypermédiatisation des intellectuels ou au contraire s’en réjouir ? « L’intellectuel médiatique étant une contradiction dans les termes, c’est la figure même de l’intellectuel qui est en train de se dissoudre », affirme doctement Christian Salmon[1],

1. « La disparition des intellectuels en quatre symptômes », France Culture, 30 août 2018.

journaliste à Mediapart. Cette affirmation est loin d'être évidente, et on pourrait même démontrer le contraire : « intellectuel médiatique » est un pléonasme. En effet, depuis l'affaire Dreyfus et la très médiatique lettre de Zola dans le quotidien *L'Aurore*, l'intellectuel est justement l'universitaire, le chercheur ou l'écrivain qui sort de l'espace des lettres pour intervenir dans le débat public par le biais d'un média. Comme le rappelle Sartre dans *Plaidoyer pour les intellectuels*, « les dreyfusards, en affirmant l'innocence de l'inculpé, se plaçaient hors de leur compétence ». Être un intellectuel pour Sartre, c'est précisément « sortir de sa compétence » et « abuser de sa célébrité » pour faire valoir une cause. Sinon, on reste un savant.

Dans *L'Ère du clash*, Christian Salmon tente de cerner les contours du nouveau temps politique et médiatique que nous vivons, depuis l'élection de Donald Trump, qui marque selon lui la fin du temps du récit et l'entrée dans celui de la transgression, une « agonistique marquée par la surenchère ». Cette « ère du clash », favorisée notamment par les réseaux sociaux, aurait remplacé celle du « story-telling » où les experts en communication, les *spin doctors,* maîtrisaient parfaitement l'agenda médiatique où ils déroulaient leurs grands récits. Elle pourrait correspondre à une quatrième période, après les trois âges définis par Debray. L'auteur du *Pouvoir intellectuel* appelle « hypersphère[1] » ce nouvel âge, qui date de 2005 et du « non » à la Constitution

1. Régis Debray, « Bonjour l'hypersphère », *Médium*, n° 4, juillet-août-septembre 2005.

européenne. Il signe la fin de l'âge médiatique et se caractérise par une communication désormais libérée de toute médiation et une forte défiance à l'égard des médias traditionnels. 2005 : c'est aussi l'année de lancement de la chaîne d'info en continu BFM TV, qui deviendra un acteur majeur du nouveau temps médiatique ininterrompu.

« Technologie et idéologie ne sont pas en fonction inverse mais en proportion directe : plus complexe la première, plus simple la seconde, donc plus puissante. La nouvelle technologie de l'information démultiplie la puissance pratique des idéologies », écrivait déjà Debray dans *Le Pouvoir intellectuel en France*. Cette force a été encore catalysée par la révolution numérique qui disloque toutes les hiérarchies, les distinctions et les préséances. Loin de favoriser comme on avait pu l'espérer la tempérance, l'ouverture et l'esprit critique, soit la pacification du débat, Internet entretient au contraire les opinions les plus radicales et enferme tout un chacun dans un tunnel de sens où il ne rencontre que des sympathisants de sa propre cause. Ce que le militant Internet Eli Pariser appelle les « bulles de filtres », ces espaces cloisonnés par les algorithmes qui renforcent nos convictions. La personnalisation des fils d'information sur les réseaux sociaux conduit les internautes à ne « liker » et à ne « suivre » que des personnalités et opinions avec lesquelles ils sont déjà d'accord.

Nous vivons en effet dans l'ère du flux permanent où les idées sont plus que jamais soumises à la tyrannie de la mode. La vie intellectuelle vit au rythme des polémiques et des affrontements. Les passages télévisés, où déjà l'intellectuel doit synthétiser sa pensée et la simplifier à l'extrême, sont eux-mêmes redécoupés en tranches sur les réseaux sociaux, réduits à des pastilles vidéo de quelques secondes ou des tweets de 280 signes. La pensée devient de plus en plus hachée, un débat chasse l'autre dans une dynamique infernale qui ne connaît aucune trêve.

Cependant, il serait malhonnête de réduire l'hypersphère à ces excès. D'abord, parce que la vie intellectuelle, si elle était sans doute de meilleure qualité hier, n'était pas moins violente. Sartre et Camus s'échangeaient certes leurs longues objections mutuelles dans des textes de plusieurs dizaines de pages dans *Les Temps modernes* plutôt qu'à « On n'est pas couché ». Il n'empêche que le sectarisme et l'ostracisme, la violence du clash étaient d'une autre puissance que ceux d'aujourd'hui. Le monde savant et universitaire construit la figure honnie du « polémiste » pour mieux pouvoir s'en distinguer et se parer des atours d'une scientificité contestable, notamment dans le champ des sciences sociales.

Ensuite, parce que l'argument d'un débat rendu clivant par les nouvelles technologies fait l'économie des causes réelles de la polarisation politique. Certes, il est indéniable que Facebook a joué un rôle dans le Brexit et l'élection de Trump, et que Twitter participe à catalyser des mouvements ultraradicaux de Social Justice Warriors comme Black Lives Matter, mais la radicalisation des positions idéologiques et de la guerre culturelle en Occident vient de plus loin et a des raisons objectives : échec du multiculturalisme, crise économique, déclassement des classes moyennes, etc. Il ne faudrait pas que les réseaux sociaux deviennent les boucs émissaires faciles d'hommes politiques impuissants à faire valoir des solutions concrètes. Comme le souligne le directeur de la revue *Médium* Philippe Guibert, les réseaux sociaux ne sont qu'un « thermomètre ».

De plus, cet espace médiatique nouveau, aussi brutal qu'anarchique, n'a pas que des inconvénients : il a aussi permis de faire sauter des citadelles intellectuelles verrouillées et de faire apparaître dans le débat public des sujets autrefois cantonnés à des sphères marginales. Beaucoup d'entre-soi, de tabous, ont été brisés, et un nouveau pluralisme a aussi pu émerger grâce aux réseaux sociaux et aux plateformes numériques. Des opinions qui n'avaient pas voix au chapitre ont pu surgir sur nos écrans.

Aussi, s'il est de bon ton de déplorer cette « ère du clash » où la « petite phrase » l'emporterait sur le débat, l'invective sur le dialogue, la provocation sur l'argumentation, il semble que ce qui caractérise notre époque est moins la culture du clash que le refus de la confrontation.

Nous rebaptisons « clash », pour la déconsidérer, toute discussion conflictuelle où l'un des interlocuteurs élève le ton ou contredit un peu sévèrement son adversaire. L'échange de noms d'oiseaux entre célébrités issues de la téléréalité est mis sur le même plan que la colère ou le propos outrancier d'un intellectuel à la télévision. Nous ne supportons plus les débats vifs et les opinions tranchées qui se traduisent immédiatement par des appels aux CSA ou des dénonciations sur Twitter. Pourtant, quand on regarde les grands débats sur « Apostrophes » dans les années 1980, ils n'étaient pas moins conflictuels qu'aujourd'hui : on se coupait la parole, on s'invectivait, on se caricaturait. La différence aujourd'hui : la contradiction est perçue comme une offense, le désaccord comme une agression, et nous ne supportons plus la confrontation publique d'opinions divergentes. En témoigne le procès fait à Bernard Pivot en 2019, au moment de la sortie du livre de Vanessa Springora, *Le Consentement*. L'animateur star s'est vu reprocher, avec toute la puissance de l'indignation rétrospective de belles âmes outragées, d'avoir invité sur son plateau le 2 mars 1990 l'écrivain Gabriel Matzneff, et d'avoir traité par la complaisance ses propos tendancieux sur les mineures qu'il se faisait une spécialité de séduire. On salua alors le courage qu'avait eu l'essayiste québécoise Denise Bombardier de contredire avec dégoût les professions de foi pédophiles du romancier. En 2020, on jugeait avec un unanimisme écrasant la culpabilité non seulement de Matzneff (ce dont beaucoup étaient convaincus déjà à l'époque), mais aussi de Pivot qui avait osé l'inviter. On oubliait bien vite qu'« Apostrophes » était un lieu de débat contradictoire, et que précisément Matzneff n'avait pas été invité seul mais face à des opposants. Que son altercation avec Bombardier allait précipiter sa déchéance littéraire, de nombreux téléspectateurs ayant été choqués par la séquence.

« Le conflit : voilà le mal que nous cherchons à éviter, entre nations, entre individus, et à l'intérieur de nous-même », écrivait l'universitaire conservateur Allan Bloom dans *L'Âme désarmée*. Malgré la multiplication des émissions de débat à la télévision entre éditorialistes, il existe en réalité de moins en moins de lieux de débat véritable dans nos démocraties. La suppression en 2016 de l'émission de Frédéric Taddéi « Ce soir (ou jamais !) », véritable espace où se confrontaient sur le service public les points de vue les plus radicalement opposés (on pouvait y croiser aussi bien l'indigéniste Houria Bouteldja que le théoricien du grand remplacement Renaud Camus), fut très révélatrice de la fin de l'âge d'or du débat télévisé. Désormais, les talk-shows se multiplient, mais chacun a sa chaîne : les conservateurs regardent CNews, les progressistes écoutent France Culture, les populistes surfent sur Internet. Nous entrons dans une ère d'archipellisation de la vie intellectuelle où chacun utilise ses propres canaux pour s'exprimer. « Je dirais que ce qui caractérise la vie intellectuelle aujourd'hui, c'est sa balkanisation, relève le sociologue Gérald Bronner. Elle se déploie dans différents espaces qui ne se croisent plus, ne débattent plus. Avant, il était plus difficile de s'éviter, car il y avait des espaces communs, télévision, journaux, colloques. Aujourd'hui, avec les réseaux sociaux, les blogs, on peut parler directement à son public sans s'encombrer de la contradiction. »

Au risque de perdre ce qui fait le goût de la vie de la pensée, « frotter et limer notre cervelle contre celle d'autrui », comme disait Montaigne.

La défaite des modérés

Les grands perdants de cette polarisation médiatique et de cette archipellisation de la vie intellectuelle sont les penseurs modérés, le « ventre mou » de l'opinion qui ne se reconnaît pas dans les prises de position polémiques de la « guerre culturelle ». Selon une enquête du think tank More in Common publiée en février 2020, la France se découperait en trois grands blocs idéologiques : la France « polémique » constituée par, d'un côté, les « militants désabusés » (12 %, il s'agit de jeunes militants progressistes, cosmopolites et diplômés), de l'autre les « identitaires » (20 %, plutôt âgés, conservateurs) ; la France des « oubliés », constitués des « attentistes » (16 %, jeunes, désengagés) et des laissés-pour-compte (22 %, en colère, Gilets jaunes) ; et enfin la « France tranquille » composée des « libéraux optimistes » (11 % jeunes, diplômés, confiants, centre gauche) et les « stabilisateurs » (19 %, centre droit). C'est cet affrontement entre les « militants désabusés » et les « identitaires » qui structure le débat public sur des questions civilisationnelles (qu'on appelle improprement « valeurs ») et qui est le plus visible médiatiquement, au détriment d'une pensée plus « raisonnable » et modérée, soit l'inverse des années 1980-1990. Aux États-Unis, les forces centrifuges – démocrates « *woke* » et trumpistes en colère – structurent en profondeur le débat public, se nourrissant mutuellement par leur surenchère. En France, il semble, grâce à notre héritage républicain et à notre attachement à la raison dans le débat public, que, malgré cette polarisation politique croissante, il demeure un certain consensus possible. Jusqu'à quand ?

II
LE GRAND RETOURNEMENT

Les « réacs » ont-ils gagné la bataille des idées ?

1

Le renouveau conservateur

Ceux qui croyaient au ciel s'étaient réfugiés dans les grottes de l'Histoire. Dehors soufflait le vent du progrès, emportant le vieux monde. Leur foi avait été rangée au magasin des accessoires, leurs racines, niées par les hommes politiques, leurs traditions, ridiculisées par les humoristes : les catholiques étaient voués à disparaître du champ. Et puis soudainement, sans que personne n'ait pu le prévoir, on les retrouva par milliers, par centaines de milliers même, dans la rue. Familles nombreuses en loden, remisées au placard de la « France rance » par les progressistes, ils étaient de retour, sous fond de musique techno, agitant des drapeaux roses et bleus, emmenés par la pétulante Frigide Barjot pour dire « non » au mariage pour tous. Bravant la froidure de l'hiver 2013, ils battirent le pavé contre une réforme identifiée comme une rupture de civilisation radicale. La Manif pour tous signait le retour dans la bataille culturelle d'une frange jusqu'ici confinée aux marges.

Les médias, hégémoniquement à gauche, regardaient consternés et incrédules le retour des zombies, tandis que les hommes politiques de droite leur couraient après dans les cortèges, posant à qui mieux mieux pour des selfies. François Hollande était à l'Élysée, la gauche tenait tous les leviers du pouvoir, mais une vague conservatrice commençait à se soulever dans le monde des idées.

Trois ans plus tard, l'ancienne ministre de l'Éducation nationale Najat Vallaud-Belkacem dressait ce constat sans appel : «Nos idées sont devenues minoritaires.[1]» L'égérie de la gauche progressiste admettait que son camp avait perdu la «bataille culturelle» et se demandait : «Qui est donc responsable de cette inversion des rapports de force culturels en France ?» Comme elle, ils sont nombreux à faire le constat d'une défaite des idées de gauche, et en particulier de la gauche progressiste et sociale-démocrate. «Les idées, les slogans, les partis que nous avons portés, lancés, soutenus, sont devenus inaudibles. Nous – qui croyons encore au projet européen, au cosmopolitisme républicain, à la société ouverte – sommes ébranlés», admet le député européen Raphaël Glucksmann dans un article amer intitulé «La gauche sociale-libérale est morte[2]». «Oui, la gauche a perdu la bataille des idées», confirmait l'ancien Premier ministre socialiste Michel Rocard lors de son interview-testament dans *Le Point* de juin 2016. François Fillon lui répondait comme en écho, après avoir triomphé à la primaire de la droite : «J'ai gagné la bataille idéologique.»

---

1. Najat Vallaud-Belkacem, «Éloge de l'imperfection en politique», *Le Nouveau Magazine littéraire*, janvier 2018.
2. Raphaël Glucksmann, «La gauche sociale-libérale est morte», *L'Obs*, décembre 2016.

L'unanimité des penseurs de gauche à faire ce constat doit nous paraître suspecte et nous conduire à nous demander s'il ne s'agit pas, plutôt que d'un véritable retournement idéologique, de l'effritement d'un monopole si solidement enraciné que la moindre contestation prend des airs de défaite. Car, comme l'écrit Mathieu Bock-Côté : « La gauche a tellement l'habitude de dominer que lorsqu'elle est contestée, elle se croit assiégée. »

La perte d'un monopole

« L'histoire aujourd'hui nous inflige un long cortège de déceptions », écrit Pierre Rosanvallon dans son livre, *Notre histoire intellectuelle et politique – 1968-2018*. L'historien et sociologue, pape de la deuxième gauche, y constate un « retournement d'hégémonie » qu'il inscrit dans le temps long des trois dernières décennies, et l'échec de la social-démocratie à faire valoir ses idées. Autrefois, « c'était toujours la gauche qui donnait le ton dans l'ordre des idées », reconnaît avec nostalgie le professeur au Collège de France. En effet, depuis l'affaire Dreyfus, la gauche s'est toujours conçue comme le parti des intellectuels. Celui de l'intelligentsia guidant le peuple vers les Lumières de la Raison. Déjà, en 1919, les intellectuels de droite signaient dans *Le Figaro* un manifeste intitulé « Pour un parti de l'intelligence », dont le but affiché était de contester le monopole intellectuel de la gauche installé depuis l'affaire Dreyfus. Si, dans les années 1930, avec le renouveau intellectuel permis par l'Action française, les forces furent à peu près équilibrées dans le champ des idées, avec le discrédit jeté sur les idées conservatrices par la condamnation du régime de Vichy, la droite devait entrer dans une longue période de confinement intellectuel après-guerre. Elle avait ses penseurs catholiques, maurrassiens, contre-révolutionnaires, conservateurs ou libéraux, mais ne donnait pas le *la* dans la vie des idées monopolisée par l'avant-garde révolutionnaire.

Avec Mai-68, la domination devint sans partage. « Intellectuel de gauche » était un pléonasme : au Flore, c'était une évidence. Les nouveaux philosophes et Sartre étaient reçus par Giscard à l'Élysée. Foucault manifestait avec les sans-papiers, et Bourdieu avec les cheminots de Lyon. Raymond Aron était tout juste toléré. *O tempora, o mores*... Les choses ont bien changé. Pour un Raphaël Glucksmann qui alterne sur son compte Twitter indignation et compassion 2.0, ce sont les « réacs » qui occupent aujourd'hui les unes des hebdos ! En librairie, les conservateurs triomphent. Éric Zemmour, Patrick Buisson, Philippe de Villiers enchaînent les best-sellers. Et les deux écrivains qui vendent le plus de livres en France, Michel Houellebecq et Sylvain Tesson, affichent clairement leurs penchants conservateurs. Le mensuel *Éléments*, fondé par le penseur identitaire Alain de Benoist en 1972, pouvait parader fièrement en janvier 2015 avec, sur sa couverture : « Le Grand Retournement. De Mai-68 aux attentats de *Charlie Hebdo*, la fin d'un cycle ».

Critique de l'Europe, nécessité de frontières, retour de l'identité, exigence de sécurité, rejet de l'immigration massive : les thèmes à l'opposé de ceux de la gauche progressiste dictent l'agenda médiatique. On ne veut plus changer la vie mais sauver ce qui peut encore l'être. « La droite extrême s'est ainsi imposée dans la bataille des idées, et la "pensée anti-68", comme dit le philosophe Serge Audier, tient le haut du pavé », s'alarme le journaliste Nicolas Truong dans un article du *Monde*[1]. « Ils possèdent tous les étages de la fusée : des écoles, des journaux, des écrivains, des bateleurs, des réseaux », s'inquiète le journaliste. Ce constat d'un changement d'hégémonie est-il le fantasme d'une gauche qui ne supporte pas d'avoir perdu le monopole des idées ou la réalité d'une « bataille culturelle » gagnée par les penseurs de droite ?

Quand la droite récupère Gramsci

La droite pense à nouveau, or « cela ne s'était plus produit depuis les années 1930 après l'effacement de l'Action française », reconnaît Rosanvallon. Elle aurait repris les manettes de l'« hégémonie culturelle ». Ce concept d'« hégémonie culturelle » a fait un retour d'abord discret, puis omniprésent dans le débat public. La notion nous vient d'Antonio Gramsci, philosophe communiste italien, qui tenta d'expliquer pourquoi les prédictions de Marx, selon lesquelles les pays industrialisés devaient fatalement basculer vers le communisme, ne s'étaient pas réalisées. Contrairement aux marxistes orthodoxes,

1. Nicolas Truong, « Droite extrême : le "grand retournement" idéologique », *Le Monde*, 29 septembre 2018.

Gramsci avança que le poids des représentations culturelles était au moins aussi important que celui de la superstructure économique. Pour le marxiste hétérodoxe qui prenait pour modèle l'Église catholique et la manière qu'elle avait eue de façonner les consciences occidentales pendant plusieurs siècles, « un groupe social peut et doit être dirigeant déjà avant la conquête du pouvoir de gouvernement ». Donc, « avant de pouvoir occuper l'État, il faut accomplir l'occupation culturelle de la société civile ».

L'un des premiers à avoir évoqué cette notion à droite est le penseur Alain de Benoist, fondateur du GRECE (Groupement de recherche et d'études pour la civilisation européenne) et théoricien de la Nouvelle Droite, école de pensée de la mouvance nationale-européenne, née à la fin des années 1960, qui revendique un héritage identitaire et néopaïen : hostile aux valeurs chrétiennes, il s'inscrit dans la tradition oubliée d'une Europe préchrétienne, valorisant le pluralisme plutôt que l'universalisme, l'identité plutôt que l'abstraction, la matière de Bretagne plutôt que l'héritage d'Athènes et de Jérusalem. Profondément antilibéral et anti-américain, Alain de Benoist a fait beaucoup pour introduire à droite des penseurs de gauche : George Orwell et sa défense des « gens ordinaires », Pasolini et sa critique de la société de consommation comme destructrice des identités locales, mais aussi Michel Clouscard et sa dénonciation du « capitalisme de la séduction » et Jean-Claude Michéa pour son réquisitoire contre la civilisation libérale-libertaire. Dès 1981, le GRECE organise un colloque intitulé : « Pour un gramscisme de droite ».

Alors que la gauche mitterrandienne triomphe au pouvoir, et qu'elle tient toutes les manettes de la culture, Benoist évoque la nécessité de la «métapolitique», c'est-à-dire la métaphysique de la politique, ce pouvoir intellectuel qui vient avant le pouvoir politique et que la droite a longtemps négligé, par dédain pour la théorie. Selon Benoist, pour contrer la «pensée 68» qui avait envahi tous les pans de la société et conquis tous les avant-postes de la culture, il était urgent pour la droite de conquérir des «casemates» idéologiques. Soit convertir les cœurs, avant de regagner un jour les urnes.

Cette bataille pour l'hégémonie culturelle, qui ne fut longtemps que le fantasme de cercles ultras, allait être clairement assumée par un homme politique : Nicolas Sarkozy. Conseillé par le politologue Patrick Buisson, adepte de la «triangulation» (il cite souvent Pasolini lui aussi), le président de la République allait assumer pour la première fois le «gramscisme de droite». Dans un entretien donné au *Figaro* cinq jours avant son élection, en 2007, le futur président de la République affirmait ainsi : «Je ne mène pas un combat politique, mais un combat idéologique. Au fond, j'ai fait mienne l'analyse de Gramsci : le pouvoir se gagne par les idées. C'est la première fois qu'un homme de droite assume cette bataille-là. Depuis 2002, j'ai donc engagé un combat pour la maîtrise du débat d'idées. [...] Et la violence de la gauche à mon endroit vient du fait qu'elle a compris de quoi il s'agissait.» Nicolas Sarkozy s'était lancé ainsi à la conquête de la «majorité silencieuse» de la «France qui se lève tôt» et avait introduit dans le débat public des thématiques que la gauche «morale» déclarait taboues comme l'immigration ou l'identité. Cela lui avait attiré les critiques foudroyantes de la gauche intellectuelle, mais son quinquennat sera l'occasion d'une libération inédite des forces conservatrices qui sortirent de l'ère glaciaire dans laquelle elles avaient été plongées depuis 1945.

Le triple procès de la « pensée 68 »

Le procès de droite

« Je veux tourner la page Mai-68. Je propose aux Français de rompre réellement avec l'esprit, avec les comportements, avec les idées de Mai-68 [...]. L'idéologie de Mai-68 sera morte le jour où, dans la société, on osera rappeler chacun à ses devoirs », proclame Nicolas Sarkozy le 29 avril à Bercy devant 17 000 militants de l'UMP galvanisés. Influencé par son conseiller, Patrick Buisson, le candidat à la présidentielle, divorcé et hédoniste, qui n'a rien d'un conservateur dans l'âme, durcit son discours et fustige le relativisme moral induit quarante ans plus tôt par les révolutionnaires de Nanterre et de la Sorbonne. Il fustige cette gauche qui « entre Jules Ferry et Mai-68 a choisi 1968 », l'accusant d'avoir prôné « l'assistanat, l'égalitarisme, le nivellement, les 35 heures ». « Le mot morale ne me fait pas peur », ose le candidat de la droite. La morale, après 1968, on ne pouvait plus en parler. Pour la première fois depuis des décennies, elle était au cœur d'une campagne.

En faisant le procès de Mai-68, Nicolas Sarkozy s'appuyait sur une rhétorique conservatrice qui voit l'explosion révolutionnaire des étudiants dans une rupture intellectuelle fondatrice qui fit sauter toutes les hiérarchies de l'ancien monde : autorité, famille, armée, patrie. Ainsi, pour Patrick Buisson, Mai-68 fut ce « moment paroxystique du processus de destruction du sens qu'est la modernité ». Le polémiste Éric Zemmour fustige, lui, « la désagrégation des sociétés occidentales depuis Mai-68, de toutes les identités, individuelles, familiales, religieuses, et nationales ». Dans son livre *La France d'hier*, le sociologue Jean-Pierre Le Goff s'érige contre cette vision purement critique de Mai-68 qui confond selon lui l'événement en lui-même et les années de « gauchisme culturel » qui ont suivi. Par cette expression, Le Goff désigne le glissement progressif à gauche des thématiques sociales (lutte des classes, émancipation ouvriériste) au combat pour des thématiques individualistes comme le corps, la sexualité, la culture, l'identité, portées notamment par l'antiracisme devenu institutionnel.

Le procès au nom des Lumières

Mais il serait réducteur de faire du procès de Mai-68 et de ses implications le monopole de la pensée conservatrice. En effet, certains penseurs ont critiqué les « événements » au nom même de l'idéal des Lumières. C'est la thèse que défendent les philosophes Luc Ferry et Alain Renaut qui publient *La Pensée 68*, en 1985, c'est-à-dire au moment où les ex-révolutionnaires de Mai sont au pouvoir. Pour les deux intellectuels, sous couvert de revendications individualistes et libertaires, le mouvement intellectuel qui précède et accompagne la révolution de Mai, synthèse de postmodernisme et de structuralisme, sape l'idée du sujet autonome tel que défini par les Lumières et la modernité. « De la proclamation foucaldienne de "la mort de l'homme", écrivent Luc Ferry et Alain Renaut, telle qu'elle intervient pour clore *Les Mots et les Choses*, à l'affirmation lacanienne du caractère radicalement anti-humaniste de la psychanalyse après "la découverte de Freud" [...] c'est la même illusion qui s'affirme : l'autonomie du sujet est une illusion [...]. » Ils soulignent le paradoxe suivant : Mai-68 à la fois porte l'idée que toute normativité est répressive (« il est interdit d'interdire ») et célèbre la puissance de l'individu (« jouir sans entraves »), mais en même temps acclame la mort du sujet. Les deux philosophes analysent en particulier la pensée de quatre intellectuels qui déconstruisent la figure du sujet moderne et embrassent l'idée que la vie intellectuelle doit se traiter systématiquement sous l'angle d'une philosophie du soupçon, dont les maîtres sont Nietzsche, Freud et Marx :

– Lacan, resté fidèle au déterminisme freudien d'un sujet esclave de son inconscient démolit la prétention d'autonomie de l'individu ;

– Derrida, mettant en œuvre une « répétition hyperbolique » de la pensée heideggerienne de la déconstruction de la métaphysique à travers notamment l'abolition de l'idée de l'auteur ;

– Michel Foucault proclamant la mort de l'homme, et achevant par un « nietzschéisme français » la dernière idole des modernes : le sujet, dont la substance est impitoyablement déconstruite ;

– Pierre Bourdieu, qui ne faisait que proposer une « variante distinguée du marxisme vulgaire ».

Le point commun de ces quatre penseurs ? Pour eux, les personnes ne sont pas les auteurs de leurs actes mais sont traversées par des forces extérieures : elles sont les porte-parole des institutions dans lesquelles elles vivent, les esclaves de leurs pulsions inconscientes, les réceptacles d'habitus dictés par leurs positions sociales. Dès lors, pour Ferry et Renaut, la pensée 68 loin de constituer une ode à la liberté, était au contraire une négation de l'autonomie du sujet qui menait directement au « terrorisme intellectuel » du « D'où parles-tu camarade ? ».

Le procès de gauche

Il existe un troisième procès de Mai-68, mené non pas au nom de l'idéal d'autonomie des Lumières, ni de la préservation de la tradition, mais en vertu même du marxisme et de la lutte des classes. Selon cette critique, les « événements » n'auraient pas conduit à une remise en question du capitalisme, mais au contraire à l'extension du domaine de la lutte à toutes les parcelles de l'existence. C'est la théorie de Régis Debray qui écrivit à l'occasion du 10e anniversaire un pamphlet intitulé *Mai 68, une contre-révolution* réussie où on peut lire : « Mai exauce génialement les vœux du capital, quitte à violer ses tabous et à encourir ses foudres », ou encore : « Mai-68 est le berceau de la nouvelle société bourgeoise. » En effet, la révolution estudiantine, en bousculant la tradition, n'a pas renversé le marché, mais lui a donné un second souffle. De Gaulle parti, arrive la « nouvelle société » de Chaban-Delmas.

Cette thèse d'une accélération du capitalisme après Mai-68 est reprise par le sociologue marxiste Michel Clouscard dans *Le Capitalisme de la séduction* en 1981, ouvrage où il critique l'avènement de la social-démocratie libertaire et démontre comment Mai-68 a été le « cheval de Troie du néolibéralisme ». D'après Clouscard, l'impératif du jouir sans entraves a créé un marché du désir qui a permis, sous le triple objectif du « ludique, du libinal et du marginal », au capitalisme de s'étendre et de se renouveler, après l'épuisement de la société de consommation des Trente Glorieuses. Une thèse qui sera abondamment reprise dans l'œuvre de Jean-Claude Michéa.

2014-2017 : le triomphe des conservateurs

Le «débat sur l'identité nationale», lancé en 2009 par Nicolas Sarkozy, suscita le déchaînement de l'intelligentsia. Tribunes et pétitions se multiplièrent dans les journaux. Les membres du gouvernement eux-mêmes, dont certains comme Bernard Kouchner venaient des rangs de la gauche, étaient embarrassés. Lancé par une «consultation» sur Internet, le débat finit en fiasco, marquant une victoire du camp progressiste dans la bataille des idées. La politique fit long feu, mais un tabou était levé. En réintégrant les catholiques dans le discours politique dominant (en évoquant par exemple l'«héritage chrétien de la France» lors du discours du Puy-en-Velay en 2011), alors qu'ils avaient été relégués aux marges et s'étaient condamnés à l'enfouissement; en abordant de front des thématiques comme celle de l'islam, de la laïcité et du multiculturalisme; en faisant de l'identité nationale un thème central du débat public, Nicolas Sarkozy avait ouvert les vannes de la révolution conservatrice. Sur le plan des faits, son quinquennat n'allait pas changer grand-chose, mais susciterait de nombreuses déceptions. Néanmoins, il allait «libérer la parole» et bouleverser la guerre des idées, faire ressurgir un «vieux monde» qu'on croyait enterré.

La Manif pour tous de 2013 sera la deuxième étape matérialisant cette reconquête culturelle. L'opposition à la loi Taubira ouvrant le droit au mariage de personnes de même sexc aurait dû être groupusculaire, réduite à une minorité d'arrière-garde appelée à disparaître dans les sables mouvants de l'Histoire en marche. Pourtant, elle déclencha un mouvement massif et durable, qui allait structurer la droite française pendant la décennie suivante. Échec politique, la Manif pour tous fut le moment d'une prise de conscience pour toute une génération conservatrice, un «Mai-68 conservateur» selon l'expression du politologue Gaël Brustier. Face à une gauche socialiste idéologiquement en panne, incapable de fournir de nouvelles idées, «la grande force de la Manif pour tous, c'est qu'elle donne une explication du monde de la naissance à la mort, qui intègre les dimensions essentielles de la vie[1]», estime le politologue, qui ajoute: «Les milieux catholiques conservateurs proposent davantage que la gauche une réponse aux angoisses du temps présent.»

La droite, qui s'était longtemps confinée à la sphère économique, délaissant celles de la transmission (éducation, journalisme, culture), prenait enfin conscience de la nécessité de les investir pour peser politiquement: sans journaux, sans intellectuels, sans universitaires, il serait impossible de remporter un jour la bataille

1. Gaël Brustier, «La force de la Manif pour tous est de donner une explication du monde», *Libération*, 13 novembre 2014.

électorale. Comme la Révolution française avait poussé les conservateurs à théoriser les fondements d'un Ancien Régime qui semblait auparavant aller de soi, les bouleversements bioéthiques obligeaient les tenants de la loi naturelle à réfléchir et argumenter pour sauver des cadres qui n'étaient plus reçus spontanément mais méthodiquement déconstruits.

Drapeaux bleus et roses agités sur fond de musique pop, toute une jeunesse plus habituée à l'encens des JMJ qu'aux gaz lacrymogènes allait connaître son dépucelage militant dans la rue lors des grands rassemblements de 2014. Une manifestation n'est pas un événement éphémère d'où chacun revient chez soi inchangé, mais un nœud qui soude dans l'expérience commune les réseaux de demain. À la lueur des bougies des « veilleurs » ou dans les nuits au poste en garde-à-vue, des amitiés, des collectifs, des associations se sont créés qui allaient se retrouver dans la vie intellectuelle. Parmi les fruits de la Manif pour tous, citons, entre autres, le collectif Sens commun, expression assumée du gramscisme de droite (la notion de « sens commun » étant au cœur, selon Gramsci, de l'hégémonie culturelle), créé en 2013 par d'ex-militants de la Manif pour tous pour faire de l'entrisme au sein des Républicains ; l'association Éveilleurs d'espérance, fondée en 2015 par les frères Sévillia, fils de l'essayiste Jean Sévillia, qui organise des rencontres autour d'intellectuels ; ou encore le magazine à la veine anarcho-réactionnaire *L'Incorrect*, lancé en 2017 par des proches de Marion Maréchal-Le Pen.

La période 2014-2017, correspondant à la fin du quinquennat de François Hollande, fut véritablement le moment des conservateurs. Le chamboulement des repères de la filiation provoqué par la loi Taubira, les attentats de *Charlie Hebdo*, la crise migratoire de l'été 2015, furent de puissants adjuvants de réel pour donner raison au discours plaidant pour la reconnaissance de limites face à un progressisme sans frein, alertant contre les dangers du multiculturalisme et la nécessité de frontières.

C'est aussi l'époque du triomphe en librairie du trio intellectuel de la droite conservatrice «hors les murs» Éric Zemmour, Philippe de Villiers et Patrick Buisson (et leurs trois best-sellers respectifs *Le Suicide français* en 2014, *Le moment est venu de dire ce que j'ai vu* en 2015, *La Cause du peuple* en 2016). Mais aussi celle de l'émergence d'une jeune garde intellectuelle : le jeune philosophe, défenseur de la transmission, François-Xavier Bellamy (*Les Déshérités*, 2014) ; le sociologue, pourfendeur du multiculturalisme, Mathieu Bock-Côté (*Le Multiculturalisme comme religion politique*, 2016) ; le mathématicien-philosophe, écologiste et conservateur, Olivier Rey (*Une question de taille,* 2014). La période est aussi l'occasion d'une floraison d'essais abordant de front la question du conservatisme, laissé en friche en France, où, contrairement au monde anglo-saxon, le mot traîne une aura ringarde et réactionnaire : *Vous avez dit conservateur ?* de la chroniqueuse au *Point* Laetitia Strauch-Bonart ; *Qu'est-ce que le conservatisme ?* de Jean-Philippe Vincent (2016) ; *Conservateurs, soyez fiers !* du journaliste au *Figaro* Guillaume Perrault (2017) ; ou encore un très complet *Dictionnaire du conservatisme* dirigé par l'universitaire Frédéric Rouvillois (2017).

Cet entrisme éditorial se double d'un entrisme médiatique : les blogs permettent la libération d'une parole autrefois reléguée aux marges, tandis que les chaînes d'information en continu, pour combler les débats permanents de leurs plateaux de télévision, finissent par inviter des journalistes « réacs » qui trouvent une audience, puisqu'une partie de l'opinion les rejoint.

Certains, comme l'historien des idées Daniel Lindenberg, préfèrent employer l'adjectif « réactionnaire » pour désigner cette lame de fond indubitable. « La pensée réactionnaire a largement gagné la bataille des idées », affirmait-il en 2016[1], ajoutant que ce « discours, de périphérique qu'il était, est devenu central, en passe même d'acquérir le statut d'idéologie dominante ». Ce « moment conservateur » trouvera un débouché politique inespéré en 2017 en la personne de François Fillon. Le vainqueur de la primaire de la droite, posant en train de boire le thé en famille avec en arrière-plan son manoir de Beaucé, sur fond de pelouse impeccable, incarnait à la perfection le conservatisme. Loin du bling-bling de la Trump Tower ou du yacht de Bolloré, l'image rassurante d'une France éternelle et bourgeoise.

L'élection du jeune Emmanuel Macron, fringant libéral se réclamant ouvertement de la *Weltanschauung* progressiste, clamant haut et fort les vertus d'ouverture et d'émancipation, allait constituer une lourde défaite pour cette vague conservatrice. Comme le notait encore

1. Daniel Lindenberg, « Une révolution conservatrice qui avance à visage découvert », *Le Monde*, 15 janvier 2016.

Lindenberg, l'élection de 2017 fut un «coup d'arrêt donné à la progression jugée irrésistible de la dynamique néoréactionnaire qui a changé au moins pour un temps le climat idéologique en réhabilitant, par exemple, l'adjectif "progressiste" face à ce que le président appelle "conservatisme"». Une accalmie plus qu'un triomphe pour l'idéal libéral-progressiste qui allait se voir englouti par la révolte des Gilets jaunes, la persistance des attaques terroristes et la crise du coronavirus. Ces événements historiques infligeant un démenti cinglant et définitif à la mondialisation libérale et contribuant fortement à la consolidation de l'hégémonie culturelle conservatrice fondée sur le respect des limites et des frontières. Le président Emmanuel Macron lui-même semble avoir admis l'échec de son paradigme néolibéral, fondé sur l'adaptation à la mondialisation et l'émancipation pour tous, qu'il a troquée pour un discours axé sur le souverainisme et l'indépendance nationale, le retour des frontières et la fermeté face à l'islam radical.

Alors, la droite a-t-elle gagné la bataille des idées ? Il ne faudrait pas confondre la fissuration de la pensée unique avec un retournement de l'hégémonie culturelle. «Aujourd'hui ça bouge, évidemment, concède Alain de Benoist[1]. Il y a une certaine droitisation, il faut le dire avec prudence, car elle ne se manifeste pas sur tous les sujets. Pour les conservateurs, la situation est incontestablement meilleure qu'il y a vingt-cinq ans : il y a aujourd'hui des opportunités qui n'existaient pas.» Alain de Benoist sait de quoi il parle : longtemps relégué

1. Entretien avec l'auteur.

aux marges de l'extrême droite, évincé du champ intellectuel, le fondateur de la Nouvelle Droite est bien plus lu en Italie, où une quarantaine de ses livres sont traduits, qu'en France. Pourtant, depuis quelques années, son influence longtemps souterraine revient au grand jour : en témoigne le succès de sa revue *Éléments*, fondée en 1972, qui est depuis le lancement de sa nouvelle formule en 2015 en progression constante et se vend désormais à 10000 exemplaires. Le mensuel accueille désormais des figures étrangères à la Nouvelle Droite et plus « mainstream » comme Marcel Gauchet, Jacques Julliard, Christophe Guilluy ou Michel Onfray. Ce dernier contribua d'ailleurs à désenclaver Benoist lorsqu'il affirma dans un entretien au *Point* : « Je préfère une analyse juste d'Alain de Benoist à une analyse injuste de Minc, Attali ou Bernard-Henri Lévy », suscitant la fureur du Premier ministre Manuel Valls qui déclarait sur Europe 1 : « Quand un philosophe connu, apprécié par beaucoup de Français, Michel Onfray, explique qu'Alain de Benoist, qui était le philosophe de la Nouvelle Droite dans les années 70 et 80 et qui, d'une certaine manière, a façonné la matrice idéologique du Front national, avec le Club de l'Horloge, le GRECE, [...] au fond vaut mieux que Bernard-Henri Lévy, ça veut dire qu'on perd les repères. » Perte de repères ou recomposition majeure de la vie des idées ?

La « droitisation » du champ des idées, unanimement constatée par une gauche inquiète de perdre une suprématie sans partage, est à nuancer. Comme le reconnaît Alain de Benoist : « Et en même temps il y a le maintien d'un climat d'intolérance extraordinaire. On peut interpréter ça comme un réflexe de défiance de gens qui sont en place et qui constatent que la banquise est en train de fondre et qui font des pieds et des mains pour empêcher la digue de s'effondrer.»

Néoradicalité de droite

Les fanfaronnades de la droite et les angoisses de la gauche ne doivent pas masquer la profonde dissymétrie de la vie intellectuelle française. Sous l'apparence d'une arène où se battent à armes égales conservateurs et progressistes, c'est en réalité toujours la gauche, par l'influence qu'elle garde dans l'enseignement, l'université et le bas clergé médiatique, qui détermine les règles du jeu, les joueurs autorisés à bretter, et les idées qui ont le droit d'être discutées. Cette hémiplégie est contestée : les conservateurs ont emporté quelques victoires, portés par une opinion qui leur est de plus en plus favorable. La pensée unique qui régnait dans les années 1990 a laissé place à davantage de pluralisme. Néanmoins, cette hémiplégie est toujours vivace dans le débat public français. Elle se traduit par deux dynamiques opposées. À gauche, un combat pour la pureté intellectuelle, où l'on traque les dissidents qui auraient «dérivé» vers le mauvais camp. À droite, un combat pour l'entrisme intellectuel, qui se traduit par la récupération de figures, concepts de gauche pour faire avancer ses propres idées. «La gauche a une telle supériorité de prestige que les partis, modérés ou conservateurs, s'ingénient à reprendre certains qualificatifs, empruntés au vocabulaire de leurs adversaires», remarquait déjà Raymond Aron dans *L'Opium des intellectuels* (1955).

Cependant, les précautions langagières, la nécessité d'avancer masqué, les «gages» qu'il faut donner sans cesse à la gauche médiatique ont fini par lasser une certaine pensée de droite, qui veut désormais se distinguer du conservatisme, jugé trop mou, pour renouer avec l'idéal contre-révolutionnaire plus radical. C'est ainsi qu'il faut distinguer la pensée conservatrice, fortement imprégnée des penseurs catholiques (Pierre Manent, Chantal Delsol et Rémi Brague en constituant les figures de proue), qui connaît un renouveau, de la pensée populiste-identitaire, portée par exemple par des figures comme Alain de Benoist, Éric Zemmour ou Michel Onfray, qui affichent une radicalité révolutionnaire et une volonté de larguer les amarres d'avec les précautions d'une conversation civique qu'ils estiment minée.

Les références continuelles à Gramsci, à la métapolitique et à la «bataille des idées» irritent certains à droite. Ainsi, à la Convention de la droite organisée par le magazine *L'Incorrect* et des proches de Marion Maréchal qui a cité Gramsci dans son discours conclusif, le maire de Béziers, Robert Ménard, eut ces propos agacés : «Je me contrefous de la métapolitique, je m'en balance de la métapolitique, j'arrête de me prendre pour un Gramsci au petit pied. La bataille culturelle, vous la mènerez sans moi !»

Un discours qui rejoint celui de François Bousquet, rédacteur en chef de la revue *Éléments*, proche de Patrick Buisson et fondateur de la Nouvelle Librairie, devenue repaire de la droite identitaire intellectuelle en plein Quartier latin. Dans un livre intitulé *Courage! Manuel de guérilla culturelle* (toujours la référence à Gramsci), l'essayiste appelle la jeune génération de droite à brûler ses vaisseaux, à cesser de vouloir composer avec le «système» et dénonce la «droite molle». La pensée de droite radicale, longtemps confinée à des cercles extrêmement réduits, semble désormais vouloir s'afficher de façon décomplexée. Elle s'appuie notamment sur le succès aussi spectaculaire qu'inattendu de Donald Trump à la présidentielle américaine de 2016 et prend pour modèle l'*alt-right*, vocable désignant une partie de l'extrême droite américaine qui rejette le conservatisme classique. Ce refus du compromis tranche avec la prudence et la modération des conservateurs : il se veut le jumeau de celui de la gauche radicale. Celle-ci est en plein renouveau intellectuel.

2

Survie du gauchisme culturel, résurrection de la gauche radicale

« Je m'étonne au fond que la droite s'étonne quand on lui dit qu'elle a gagné l'hégémonie culturelle. C'est tellement aveuglant », estime l'historien Patrick Boucheron. Pourtant, depuis son large bureau du Collège de France, les choses paraissent moins évidentes. Quand on parcourt les couloirs de cette prestigieuse institution, on lit peu de noms de droite sur les portes des bureaux et on chercherait vainement une figure comparable à celle de Raymond Aron qui officia dans ces murs dans les années 1970. Aujourd'hui, Boucheron, dont la conférence inaugurale en 2015 fustigeait la « déplorable régression identitaire qui poisse notre contemporanéité », règne en compagnie du pape de la deuxième gauche, Pierre Rosanvallon, de François Héran, titulaire de la chaire « Migrations et sociétés » qui combat inlassablement la thèse du « grand remplacement », de l'économiste proche de François Hollande, Philippe Aghion, ou encore de Bénédicte Savoy, historienne de l'art proche des thèses décoloniales. À l'École polytechnique, c'est le philosophe de gauche Michaël Fœssel, admirateur de Rousseau et proche de la France insoumise, qui a pris la suite d'Alain Finkielkraut.

Et, depuis le départ à la retraite du philosophe Pierre Manent, on peine à identifier des voix conservatrices au sein de l'EHESS. Il reste peut-être la Sorbonne comme bastion d'un kantisme modéré, avec des figures libérales comme celle de Pierre-Henri Tavoillot.

Bref : s'il recule dans l'opinion, si des intellectuels de droite lui portent l'estocade dans les médias, le gauchisme culturel se trouve toujours chez lui à l'université, voire se radicalise. À la Sorbonne, les masters en études de genre font carton plein (depuis dix ans à Paris-VIII et depuis 2019 à Paris-I), et les *postcolonial studies* se font un chemin à l'EHESS et à Sciences-Po. Le genre et la race, obsessions importées des campus américains, où l'on se spécialise de plus en plus en fonction d'un objet d'étude plutôt que d'une discipline, installe de plus en plus la « dictature des identités » au cœur des universités françaises (voir *infra*). « Dans l'université et en particulier dans les sciences sociales, la domination de la gauche s'affermit », assure le politologue Dominique Reynié. Ce que l'historien Pierre Nora décrit comme « une radicalisation à gauche de "la basse intelligentsia" ».

Aussi, à rebours du constat d'une bataille des idées remportée par la droite, l'intellectuel Pierre Manent est beaucoup plus sombre pour son camp : « Il n'y a jamais eu aussi peu de liberté intellectuelle, médiatique et universitaire, me confie-t-il de sa voix douce, dans un café proche de l'Assemblée nationale. Je ne pourrais pas faire la carrière universitaire que j'ai faite, aujourd'hui. Je dissuade mes jeunes collègues d'être trop francs tant qu'ils n'ont pas un poste inamovible[1] », martèle celui qui est rentré à l'EHESS grâce à Vidal-Naquet et Claude Lefort, éminents représentants de la gauche antitotalitaire. Aujourd'hui, en effet, on peine à imaginer qu'un jeune catholique tenant du droit naturel et opposé au mariage pour tous obtienne un poste dans une institution où la sociologie critique et la théorie du genre règnent en maîtres. Si les conservateurs ont réussi à imposer dans le débat les thèmes liés à l'immigration, la nation et le contrôle des frontières, dans le champ de la bioéthique leur défaite est complète : les lois sociétales se suivent sans interruption sans que la manifestation de l'opposition à l'illimitation du progrès change en quoi que ce soit le cours des choses.

Pour Manent, non seulement la droite n'a pas gagné la bataille des idées, mais la doxa progressiste est devenue plus dominante que jamais : « Autrefois, la gauche dominait mais la droite gouvernait. L'ensemble de la vie nationale et de la vie intellectuelle était plus équilibré parce que le pouvoir politique était de droite : ça changeait tout. Aujourd'hui, il n'y a plus aucune opposition. Il y a une seule doxa médiatique, universitaire, gouvernementale, qui transforme les opposants en dissidents, c'est-à-dire en suspects. Le politiquement incorrect n'est pas si incorrect que cela. L'opposition intervient non pas sur le mode d'un point de vue contradictoire à prendre en considération, mais comme quelque chose de honteux qui se montre. Il y a une pensée légitime et une pensée honteuse », estime l'auteur de *La Loi naturelle et les droits de l'homme*.

1. Entretien avec l'auteur.

Pourquoi les universitaires sont-ils majoritairement de gauche ?

« Dieu, je vous soupçonne d'être un intellectuel de gauche », pouvait-on lire sur un mur du lycée Condorcet en Mai-68. Le slogan résume bien la toute-puissance du magistère de la gauche à l'université, et ce, depuis au moins l'affaire Dreyfus. Ce qui pourrait n'être qu'une intuition de bistrot a été vérifié par de nombreuses enquêtes électorales montrant l'écrasant vote à gauche des professeurs d'université. Dans leur livre *Que pensent les penseurs ? Les opinions des universitaires et scientifiques français* (2015), Abel François et Raul Magni-Berton démontrent à travers une enquête menée auprès de 2 000 enseignants-chercheurs français, toutes disciplines confondues, ce dont tout le monde se doutait, à savoir que les universitaires sont avant tout hostiles à la religion, orientés politiquement à gauche et très méfiants à l'égard de l'économie de marché.

Le principal constat est que les universitaires se positionnent beaucoup plus à gauche que l'ensemble de la population : ils sont 51 % à être hostiles au marché, contre 30 % pour l'ensemble des Français, 73 % à se positionner à gauche, contre 36 % en moyenne. Ce trait est loin d'être propre aux académiques français, puisqu'il est également observé dans la plupart des pays occidentaux. Aux États-Unis, plusieurs études ont montré que les universitaires étaient beaucoup plus affiliés au Parti démocrate que la moyenne de la population. Mais ce n'est pas tout, d'après cette enquête, le positionnement à gauche est aussi plus radical : il y a 23 % de révolutionnaires chez les universitaires (contre 16 % chez les Français), 76 % de réformistes (70 % chez les Français) et seulement 1 %

qui s'affichent « conservateurs » (contre 14 % chez les Français, ce qui est déjà peu car le terme est en France péjoratif). Ce positionnement atteint un quasi-monopole dans des disciplines comme la sociologie où 94 % des universitaires se disent de gauche.

Voilà pour les faits. Mais quelles sont les raisons de cette surreprésentation de la gauche à l'université ? Plusieurs causes peuvent être avancées, d'ordre psychologique, historique et philosophique.

Ressentiment et dépendance à l'État

D'après le philosophe américain libertarien Robert Nozick, si les universitaires sont si hostiles au marché, c'est par ressentiment : ils n'apprécient pas l'économie de marché car celle-ci ne les rétribue pas à leur juste valeur, car elle est incapable de valoriser correctement les connaissances scientifiques et les diplômes. Comme le relèvent François et Magni-Berton, « une deuxième caractéristique importante des universitaires est l'appartenance de beaucoup d'entre eux (85 %) à la fonction publique. En effet, puisqu'ils reçoivent leurs revenus du budget de l'État, l'intérêt des fonctionnaires est que ce budget soit le plus élevé possible ».

La permanence de l'hégémonie de gauche chez les universitaires est entretenue par un processus d'autosélection : les personnes socialisées à gauche seraient plus enclines que les autres à s'engager dans une carrière universitaire. « Dans ce cadre, les universitaires sont de gauche parce qu'ils proviennent de familles de gauche et que ces familles de gauche valorisent les métiers intellectuels, ou parce que les universitaires sont issus de familles appartenant à des classes sociales qui votent généralement à gauche », écrivent François et Magni-Berton.

La victoire des philosophies du soupçon

Dans son livre *Pourquoi les intellectuels n'aiment pas le libéralisme* (2005), le sociologue Raymond Boudon avance une raison plus subtile pour expliquer pourquoi la tradition libérale est minoritaire chez les intellectuels, en particulier en France, et en particulier chez les sociologues, les anthropologues, et les philosophes. Il refuse de n'y voir qu'un déterminisme socio-économique dû à la situation professionnelle des universitaires, mais donne une explication par la rationalité cognitive. Selon Boudon, le libéralisme s'appuie sur une psychologie réaliste et rationnelle, qui voit l'homme comme un être dominé par ses intérêts, mais cherchant l'autonomie au milieu des passions. Une vision somme toute assez classique de l'anthropologie, telle qu'on la trouve déjà chez Aristote, mais doublée d'une ambition optimiste : la possibilité pour le sujet de gagner sa liberté. Cette anthropologie s'est vue puissamment fissurée au XIXe siècle avec Freud et l'idée d'une « psychologie des profondeurs » : nous n'agissons jamais pour les motifs que nous croyons, mais c'est la machinerie de l'inconscient qui agit à travers nous. Cette idée déterministe sera reprise par Nietzsche et Marx, puis par les structuralistes : il n'y a pas dans la société de sujets autonomes mais des structures qui agissent : la classe sociale, l'État, le « système ». Cette idée plaît aux intellectuels car elle active un biais cognitif répandu : celui de vouloir à tout prix croire le monde ordonné en système. Elle leur donne une utilité : découvrir ces structures, pour mieux les déconstruire. Boudon souligne l'hégémonie complète des philosophies du soupçon (Freud, Marx, Nietzsche) dans les universités occidentales à partir des années 1960 (hégémonie par ailleurs magistralement démontrée par Allan Bloom dans *L'Âme désarmée*), au détriment de la tradition libérale d'autonomie du sujet (portée par Adam Smith, Tocqueville ou Kant). Résultat : la pensée libérale s'est recroquevillée sur l'économie, laissant l'illibéralisme prendre le pouvoir dans le champ des sciences humaines.

Penchant pour l'abstraction

On peut ajouter à ces raisons une cause plus profonde, celle d'un penchant naturel de la vie des idées vers l'abstraction plutôt que vers le réel. Jean-Jacques Rousseau, le premier philosophe de gauche, en avait énoncé le programme dès les premières lignes du *Discours sur l'origine et les fondements de l'inégalité parmi les hommes* (1754) : « Commençons donc par écarter tous les faits, car ils ne répondent point à la question. »

Comme le relevait George Orwell, « les intellectuels sont portés au totalitarisme bien plus que les gens ordinaires ». Les deux grandes traditions intellectuelles de droite, le conservatisme et le libéralisme, s'appuient sur une vision empirique et réaliste de l'homme et de la société. Elles ne prétendent pas vouloir « transformer le monde », selon l'injonction marxiste, ne souscrivent pas à l'esprit de système. « La gauche s'est formée dans l'opposition, définie par des idées », remarque Raymond Aron dans *L'Opium des intellectuels*, où il montre le cheminement qui a poussé une écrasante majorité de l'intelligentsia dans les bras du communisme. Il mettait en avant les trois prestiges que la révolution procure à l'artiste : ceux du modernisme esthétique, du non-conformisme moral, et de la révolte.

3

La résurrection de la gauche radicale

Nous sommes le 12 décembre 1995. Gare de Lyon, au milieu des cheminots grévistes battant la semelle pour conjurer le froid, le sociologue Pierre Bourdieu, mégaphone aux lèvres, prononce un discours qui fera date : «Je suis ici pour dire notre soutien à tous ceux qui luttent, depuis trois semaines, contre la destruction d'une civilisation.» Après les «années d'hiver» (selon l'expression de Félix Guattari) que fut la décennie 1980, qui vit la gauche marxiste balayée par la chute du communisme au profit du consensus libéral autour des droits de l'homme, celle-ci reprend du poil de la bête à la faveur du mouvement social contre le plan Juppé sur les retraites et la Sécurité sociale. Auréolé du succès de l'ouvrage collectif qu'il a dirigé, *La Misère du monde*, publié en 1993 et qui se vendit à 80000 exemplaires, le gourou de la pensée critique reprend les vieux habits, laissés au vestiaire depuis la mort de Sartre, de l'intellectuel de gauche soutien et porte-parole de la révolution populaire. En 1970, juché sur une caisse, le philosophe existentialiste avait apporté son soutien aux ouvriers de Billancourt : «Je veux témoigner dans la rue, parce que je suis un intellectuel et que je pense que la liaison du peuple et des intellectuels, qui existait au XIXe siècle, devrait être retrouvée aujourd'hui. » Reprenant ce mantra en 1995, Bourdieu s'attaque dans son discours au philosophe Paul Ricœur qui, dans un entretien au *JDD*, affirmait au sujet des grandes grèves : « Ce qui me frappe dans cette crise, c'est l'énorme distance, le gouffre qui existe entre la compréhension rationnelle du monde [...] et le désir profond des gens. » Un discours archétypal selon Bourdieu de la « pensée réactionnaire » d'une élite qui piétine de sa « certitude technocratique » les aspirations populaires.

On l'a oublié, mais les grèves de 1995 furent le moment de cristallisation d'une guerre entre intellectuels réformistes et radicaux. La gauche intellectuelle renoue alors avec le genre alors oublié de la pétition collective. Dans une tribune publiée dans *Le Monde* le 2 décembre 1995, une centaine de penseurs provenant des rangs de la deuxième gauche réformiste, parmi lesquels Pierre Rosanvallon, Alain Touraine, Michel Winock, Daniel Cohen ou encore Jacques Le Goff, prennent parti pour le plan Juppé qui permet selon eux de réformer l'« archaïsme » du système de Sécurité sociale. Deux semaines plus tard, dans un placard publicitaire acheté dans *Le Monde* intitulé « Appel des intellectuels en soutien aux grévistes », Bourdieu, Vidal-Naquet, Debray, Derrida, Boltanski et une centaine d'autres appellent, eux, à poursuivre le mouvement.

Dans *Notre histoire intellectuelle et politique – 1968-2018*, Pierre Rosanvallon analyse ce moment comme la formation de ce qu'il appelle une « gauche de résistance ». Estimant qu'il y avait une dimension progressiste et solidariste dans la réforme de Juppé, il déplore que la gauche se soit braquée autour de la figure de Bourdieu. Il remarque d'ailleurs l'évolution de celui-ci, d'une critique de l'État comme instrument des classes dominantes à une apologie inconditionnelle de celui-ci *via* la défense du service public. La préservation des acquis sociaux prend le pas sur l'inventivité sociale et l'autogestion est mise au placard. Le sociologue Alain Touraine qualifiera dans un livre éponyme de « grand refus », cette « angoisse » et cette « révolte qui ne parviennent pas à se transformer en revendications positives ».

Une génération plus tard, en décembre 2019, la grève à l'occasion de la réforme des retraites proposée par le gouvernement d'Emmanuel Macron est une démonstration de l'évolution de la position des intellectuels de gauche : divisés en 1995, ils sont désormais quasiment tous contre la réforme. Dans une tribune publiée le 5 décembre dans *Le Monde*, cent quatre-vingts d'entre eux affichent leur soutien aux grévistes contre le plan macronien d'inspiration libérale. Ils font référence à leurs prédécesseurs de 1995. Seules différences avec le discours de Bourdieu : l'écriture inclusive (« celles et ceux qui luttent ») et la référence à l'écologie. Dans une rare apparition qui se fait sur le média russe Russia Today, l'un des penseurs les plus influents de la gauche radicale, Frédéric Lordon, affirme que « c'est un monde » qui est « mis en accusation » par le mouvement en cours. L'économiste français le plus célèbre du moment, Thomas Piketty, prend aussi le parti des grévistes. Sonnés par la léthargie des années Hollande, mais réveillés par la crise des Gilets jaunes dont ils furent pourtant singulièrement absents, les intellectuels de gauche semblent renouer avec l'arène politique. Mais on chercherait vainement désormais ceux d'entre eux défendant la nécessité de la réforme. Où sont les disciples de Touraine et Rosanvallon, les jeunes intellectuels défendant la social-démocratie, antitotalitaires et réformistes ? La gauche radicale règne désormais de façon hégémonique dans le champ des idées. Un disciple de Ricœur est au pouvoir, Bourdieu a fait des petits, mais la deuxième gauche n'a pas eu d'héritiers.

L'insurrection à venir

Cette « radicalisation de la basse intelligentsia » (Pierre Nora) est une lame de fond puissante. « Qui sont les nouveaux intellos de gauche ? » titrait *L'Obs* en novembre 2015, avec cette petite pastille jaune : « Avec 0 % de Zemmour, Finkielkraut et les autres ». « Marre de Finkielkraut, Zemmour et des autres colosses médiatiques néoréacs... Un autre paysage intellectuel se recompose fort heureusement depuis quelques années, avec de nouvelles incarnations de la pensée de gauche », trompetait fièrement en ouverture du dossier Aude Lancelin. La journaliste en charge des idées, qui n'allait pas tarder à se faire licencier du journal de Jean Daniel pour ses positions trop radicales, peu compatibles avec l'ADN social-démocrate du journal, constatait l'« effet conjugué de la droitisation continue des élites françaises, de l'effondrement du poids des médias écrits face aux arènes télévisées, mais aussi, faut-il le rappeler, de la longue campagne de discrédit, et même d'anéantissement, menée durant des années à l'encontre de la gauche radicale ».

De fait, le retour de la droite dans le champ des idées ne doit pas masquer la résurrection intellectuelle d'une gauche radicale qu'on croyait définitivement enterrée sous les ruines du communisme. Il n'est qu'à contempler les succès éditoriaux. L'althussérien Jacques Rancière et le maoïste Alain Badiou sont les auteurs les plus lus et traduits à l'étranger. Ce dernier propose sur France Culture de « ressusciter l'hypothèse communiste » ou avoue dans *Le Monde* sa nostalgie pour la Terreur[1]. Dans les librairies, à l'automne 2019, trônaient en tête de gondole, rayon essais des librairies, des best-sellers d'économistes de gauche : *Peuple, pouvoir et profits*, de Joseph Stiglitz, *Capital et Idéologie* de Thomas Piketty ou encore *Le New Deal vert mondial* de Jeremy Rifkin. On peinait à trouver un point de vue économique « libéral » sur les étals.

Cette montée en puissance vient de loin. Publié en 2007, l'essai politique *L'Insurrection qui vient,* signé par un mystérieux Comité invisible et vendu à plus de 40 000 exemplaires, est emblématique de cette radicalisation de l'intelligentsia de gauche. Les auteurs, un collectif anonyme vraisemblablement proche de l'activiste Julien Coupat, voient dans les émeutes de banlieues de 2005 une nouvelle forme de lutte sociale augurant d'un

1. « C'est la France de 1792 à 1794 qui fonde mon amitié pour ce pays », titre de l'interview donnée à Jean Birnbaum le 23 juin 2017.

retour de la violence en politique qui pourrait permettre enfin le renversement du système. « Ces premiers feux de joie sont le baptême d'une décennie pleine de promesses », prophétisent les auteurs, ponctuant leur essai d'appels explicites à la violence : « Qu'est-ce qu'un millier d'économistes du FMI gisant au fond de la mer ? — Un bon début. »

Quelques années plus tard, en 2010, le best-seller de Stéphane Hessel, *Indignez-vous !*, qui s'appuie sur un renouveau de l'idée « sartrienne » d'engagement révolutionnaire, s'écoule à deux millions d'exemplaires dans la foulée d'une crise économique qui avait mis les jeunes dans la rue au travers de mouvements comme Occupy Wall Street.

Le retour de la violence en politique prophétisé par le Comité invisible allait se concrétiser en 2016 au moment du vote de la loi El-Khomri (« de modernisation du code du travail ») par le gouvernement de François Hollande. Ce fut l'époque des premières violences de rue encouragées par les « black block » et appelées à devenir systématiques dans les années suivantes. On assista aussi à l'émergence d'un curieux mouvement aussi médiatisé qu'éphémère : Nuit debout. Lancé en mars par le journal *Fakir* et son directeur François Ruffin après le succès de son film *Merci Patron !*, le mouvement allait réunir pendant trois mois place de la République une coalition improbable d'associations d'extrême gauche, anticapitalistes, altermondialistes, féministes et écologistes prônant la convergence des luttes contre « la loi El-Kohmri et son monde ».

Le 16 avril 2016, le philosophe Alain Finkielkraut, qui se rendait sur les lieux pour se faire une idée du mouvement, se fit expulser de la place de la République aux cris de « Casse-toi ». Filmée, l'altercation nourrira une intense polémique médiatique les jours suivants.

Quelques jours plus tard, à la Bourse du travail, centre du syndicalisme parisien situé dans le 10e arrondissement, en chemise rouge devant des centaines de jeunes militants, Frédéric Lordon prend la parole pour réagir à l'expulsion de Finkielkraut et l'assumer totalement : « Nous n'apportons pas la paix », martèle-t-il. Il assume un discours clivant qui refuse le théâtre de la démocratie : « Nous ne sommes pas ici pour faire de l'animation citoyenne "*all inclusive*" comme le voudraient Laurent Joffrin et Najat Vallaud-Belkacem. Nous sommes ici pour faire de la politique. Nous ne sommes pas amis avec tout le monde. » Lordon termine son discours sur une tonalité très « Comité invisible » en appelant à, « dans une multitude de lieux, faire dérailler le cours normal des choses. Et donc les [les puissants] harceler, leur ôter toute tranquillité ». Il se félicite également que Nuit debout ait « lavé » la place de la République de ses « passions tristes », allusion aux grandes commémorations de *Charlie Hebdo* qui avaient eu lieu un an plus tôt.

Cette radicalisation continue des intellectuels de gauche est venue prendre la place du vide théorique laissé par une social-démocratie incapable de réaliser ses promesses. À mesure que la gauche s'éloigne du pouvoir, elle se radicalise. « L'impuissance politique de la gauche conduit à la radicalisation des irresponsables, c'est-à-dire des intellectuels. Ça ne coûte pas grand-chose, on formule les idées les plus extrêmes pour compenser l'absence de pouvoir», analyse ainsi Pierre Nora.

Le temps est loin où, en 1985, après le tournant de la rigueur, le concert des potes de SOS Racisme rassemblait un million de personnes place de la Concorde autour de la «France multiculturelle». Chanteurs et intellectuels de gauche communiaient alors avec les élus républicains dans la lutte contre le Front national et le rejet du «libéralisme sauvage». Trente ans plus tard, de la place de la Concorde à celle de la République, les bons sentiments sont remisés au placard. Le «pourtoussisme» inclusif n'est plus de mise : à Nuit debout, on organise des ateliers en non-mixité interdits aux Blancs ou aux hommes cisgenres.

Un populisme de gauche

La gauche post-marxiste renoue avec la radicalité et une partie va jusqu'à assumer le vocable de «populiste», s'inspirant en cela des travaux de l'intellectuelle belge Chantal Mouffe, la philosophe la plus en vue de la gauche radicale. Depuis plusieurs années, son œuvre, ainsi que celle de son mari décédé, Ernesto Laclau, infusent les idées de la gauche néomarxiste, de Podemos en Espagne à Bernie Sanders aux États-Unis en passant par Jean-Luc Mélenchon en France. Très critique envers la démocratie libérale, qui s'appuie selon elle sur un faux pluralisme et l'illusion du consensus, Chantal Mouffe plaide pour un retour de l'*agon* en politique, c'est-à-dire du conflit entre visions du monde irréductiblement opposées. Alors que la droite récupère un penseur de gauche, Gramsci, cette penseuse de gauche récupère ainsi un penseur de droite, Carl Schmitt, et notamment son idée selon laquelle la politique est l'art du conflit, guidé par la nécessité d'établir une frontière entre « eux » et « nous ».

Dans *À demain Gramsci*, le politologue Gaël Brustier théorisait les enjeux de ce nouveau « populisme de gauche », qui voudrait propager en Occident les révolutions d'Amérique latine contre l'oligarchie. Prônant un « néogramscisme », il ambitionne de reconstruire une « *Weltanschauung* alternative à la superstructure "nationale-populiste" qui est en train de devenir dominante partout en Occident ». L'idée est, en gros, de concurrencer le populisme de droite par un populisme de gauche, remettant en avant la conflictualité entre « ceux d'en bas » et « ceux d'en haut ». Très puissant dans l'intelligentsia, ce nouveau radicalisme peine encore à se traduire politiquement. En Grèce, Tsípras a baissé les bras, en Espagne, Podemos est sur le déclin, Aux États-Unis, Bernie Sanders a échoué aux primaires démocrates et la France insoumise n'est plus que l'ombre de ce qu'elle fut en 2017.

Pourtant, ces réseaux intellectuels s'activent en vue de la présidentielle de 2022. Le jeune normalien Lenny Benbara, cofondateur du média *Le vent se lève*, est convaincu lui aussi de l'importance de la « bataille culturelle » et fortement imprégné du populisme de Chantal Mouffe et Ernesto Laclau. Il a participé avec d'autres à la fondation début 2020 de l'Institut Rousseau qui se donne pour vocation « la reconstruction écologique et démocratique de nos sociétés ». Le haut patronage du philosophe romantique ne doit rien au hasard : il s'agit de remettre en avant la tradition républicaine, populiste et participative face aux échecs d'une gauche libérale et représentative. Dans la même veine, la revue *Germinal*, lancée à l'automne 2020, aspire à réunir « trois ambitions : républicaine, socialiste, écologique » et à devenir « l'équivalent pour la gauche de la revue *Commentaire* du début des années 80 ». Le premier numéro est consacré au « retour des nations » : on y trouve les contributions de l'énarque souverainiste de gauche David Djaïz, la sociologue laïque Dominique Schnapper et le disciple de Thomas Piketty, Gabriel Zucman.

Déconstruire l'adversaire : la gauche castor

Coincée entre ce paléo-marxisme et la social-démocratie moribonde, la gauche peine à se réinventer intellectuellement. Faute d'ouvrir des pistes, certains sont donc tentés de faire des listes. Faute d'idées, de se contenter de « faire barrage » à celles de droite. C'est la « gauche castor » selon les mots du politologue Laurent Bouvet ou encore la « gauche réflexe, cette grenouille disséquée dont l'appareil nerveux fonctionne encore mais dont le cerveau est mort ». Ceux qui à gauche osent s'emparer de certains débats dits « populistes » se voient immédiatement labélisés « réacs » : Alain Finkielkraut, Michel Onfray, Jacques Sapir, Jean-Pierre Le Goff, Jacques Julliard, Christophe Guilluy n'ont plus le droit de se dire « de gauche ». Le républicain Régis Debray ou l'anti-euro Emmanuel Todd sont de plus en plus suspects. Quant à Jean-Claude Michéa, qui fustige à longueur de livres le « ruban de Möbius » libéral-libertaire, on le lit plus dans les cercles de droite que chez les militants du MJS.

Il reste une carte à la gauche intellectuelle, qu'elle a héritée des grandes années de la French Theory : la déconstruction. Jadis, l'intellectuel de droite était un désenchanteur : tel Raymond Aron, il rappelait les évidences du sens commun aux intellectuels de gauche épris d'illusion. Aujourd'hui la position s'est inversée : c'est l'intellectuel de gauche qui est devenu le désenchanteur des idées de droite. Il n'est plus là pour proposer des idées pour son camp, mais s'est trouvé une nouvelle vocation : déconstruire méthodiquement celles du camp adverse.

Le premier à avoir inventé le genre est sans doute Daniel Lindenberg avec l'essai dont j'ai déjà parlé, *Le Rappel à l'ordre*, publié en 2002, qui faisait la liste des « déviants » et analysait leur discours. Republié en 2016, peu avant sa mort, le pamphlet était barré d'un grand bandeau catégorique : « L'essai prémonitoire ». Quatorze ans après la première version, Lindenberg ajoutait Michel Onfray, Jacques Julliard et Éric Zemmour à sa liste. Et y barrait Pierre Manent, le philosophe ayant regagné ses bonnes grâces après son essai *Situation de la France* qui proposait un compromis avec l'islam, et fut abusivement interprété comme une démission. « Ceux qui me traitaient d'inquisiteur sont les premiers à faire sauter les bouchons de champagne pour célébrer leur victoire dans la guerre des idées », écrivait Lindenberg, ajoutant que désormais : « La périphérie est devenue le centre. »

Depuis, Lindenberg a suscité des vocations. La déconstruction de l'intellectuel réactionnaire est devenue un genre à part entière. Ainsi trois ouvrages récents entreprennent de s'attaquer au triptyque honni de conservateurs jugés trop médiatiques : Éric Zemmour, Alain Finkielkraut et Mathieu Bock-Côté ont chacun eu droit à un essai décortiquant leur pensée. Dans *Le Venin dans la plume*, l'historien Gérard Noiriel s'attaque à Éric Zemmour qu'il compare à Édouard Drumont, le pamphlétaire antisémite auteur de *La France juive*. Éric Zemmour y est qualifié dans le meilleur des cas de « journaliste polémiste », étiquette doublement infamante, opposé à l'« enseignant-chercheur » : « journaliste » renvoyant à la surmédiatisation, et « polémiste » à la volonté de semer la division. « Le chercheur en sciences sociales et le polémiste ne parlent pas le même langage », écrit-il dans son livre, lui-même se qualifiant d'« historien sérieux ». Dans *L'Obs*[1], deux journalistes, visiblement peu préoccupés par la neutralité de leurs questions, l'interrogent : « Pourquoi un historien de votre qualité s'est-il "abaissé" à étudier le cas Zemmour ? » Il répond : « Pour moi, c'est une responsabilité civique. [...] J'ai publié mon premier livre sur l'immigration en 1980, l'année où Éric Zemmour ratait l'ENA », relève-t-il avec élégance.

Dans *Mélancolies identitaires. Une année à lire Mathieu Bock-Côté*, le sociologue Mark Fortier tente de décortiquer le penseur québécois, chroniqueur au *Figaro*, qu'il juge « voix médiatique la plus omniprésente » [*sic*] au Québec. Enfin dans *Finkielkraut, la pensée défaite*,

1. *L'Obs*, 26 septembre 2019.

le « scénariste de bandes dessinées » Frédéric Debomy entreprend de déconstruire la « méthode Finkielkraut », selon lui ponctuée d'inexactitudes. Ces trois essais pourraient paraître anecdotiques, ils n'en sont pas moins révélateurs d'une hémiplégie : jamais les penseurs de gauche ne sont analysés, déconstruits par l'intelligentsia de droite.

Côté médias, la gauche peine à mettre des intellectuels dans l'arène face aux polémistes conservateurs. « Médusés par cette indéniable vivacité, les médias "progressistes" n'ont pas su faire émerger autant de figures emblématiques pour les contrer », admet ainsi le journaliste du *Monde* Nicolas Truong. Il est d'ailleurs notable que l'un des seules figures médiatiques ouvertement de gauche à avoir connu un certain succès ces dernières années soit Clément Viktorovitch. Salué dans *Les Inrocks* comme « l'intello qui remet des idées à la télévision », le très médiatique jeune homme aux fines lunettes rondes brette non sans talent sur CNews d'abord puis dans l'émission « Clique » de Mouloud Achour, où il décortique les discours réactionnaires. Il n'est ni sociologue, ni historien, ni philosophe, ni même économiste, mais professeur de rhétorique : signe que l'analyse des discours adverses est tout ce qui reste à la gauche, faute d'en produire un. Cette entreprise de déconstruction fonctionne, d'autant qu'une partie de l'intelligentsia conservatrice, grisée par ses succès, se laisse aller à l'approximation, l'imprécision et la caricature.

4

Le blues des libéraux : un krach idéologique

« Déléguer notre alimentation, notre protection, notre capacité à soigner, notre cadre de vie, au fond, à d'autres est une folie » : en ce 16 mars 2020, ce n'est pas Nicolas Dupont-Aignan ou Arnaud Montebourg qui s'expriment ainsi, mais le président de la République Emmanuel Macron. Alors que la France entière vit cloîtrée, un virus invisible sème la mort dans la *start-up nation*. La mondialisation libérale, l'hypermodernité numérique, la coopération internationale semblent impuissantes à conjurer ce fléau venu du fond des âges. Il devait être le président du mouvement. Remettre la France au diapason de la mondialisation. Émanciper l'individu et faire sauter les verrous bridant l'innovation. Mais c'est bien sous le règne d'Emmanuel qu'eut lieu le Grand Confinement, qui plongea le pays dans un état d'immobilité inédit dans l'Histoire. La « maximisation des possibles » cédait le pas à l'« autorisation dérogatoire de déplacement ».

Le bouc émissaire de la pandémie mondiale a été vite trouvé : le « libéralisme », rebaptisé « néo » par ses ennemis. La rapidité avec laquelle ont été balayées les libertés publiques a montré la fragilité de leurs fondements théoriques. Le retour massif de l'État dans l'économie affaiblit les partisans de la rigueur budgétaire. La baisse des dépenses publiques, notamment dans le domaine de la santé, le démantèlement supposé de l'État-providence, ont été sévèrement critiqués. Selon un sondage du 4 avril 2020, 65 % des Français pensent que la mondialisation doit être réduite, contre 43 % des Allemands et des Italiens. Comme le résume le journaliste économiste François Lenglet dans son essai, *Quoi qu'il en coûte !* : « Les défenseurs du libéralisme s'alarment déjà du "krach idéologique" qui nous fait récuser de plus en plus souvent la liberté au profit de la protection. Dans bien des cas, ils ont raison. Mais ils n'obtiendront pas victoire pour autant : le libéralisme est une idée du passé, qui va probablement connaître une longue éclipse. »

La *Weltanschauung* libérale avait pourtant connu son heure de triomphe en 2017 avec l'élection d'Emmanuel Macron, jeune président qui avait fait de la levée des blocages corporatistes, de la simplification administrative, de la société civile, de la compétitivité de la France dans la mondialisation et de l'émancipation de l'individu les mantras de son programme. Un libéralisme à tendance progressiste, cherchant à libérer l'individu de ses déterminismes et à accroître la mobilité sociale, comme l'expliquaient les deux conseillers du prince, David Amiel et Ismaël Emelien, dans leur livre *Le progrès ne tombe pas du ciel*. « On s'est appuyés sur la rhétorique du mouvement, du dynamisme, des verrous à faire sauter », affirmait ce dernier. Un discours qui correspond en tout point à la définition du néolibéralisme, comme l'a bien démontré la philosophe Barbara Stiegler dans son livre

«*Il faut s'adapter*». Las, le beau programme du nouveau monde et du cercle de la raison a été brutalement stoppé par deux «fléaux» du monde ancien : l'émeute et l'épidémie. L'émeute, avec la révolte des Gilets jaunes en 2018, qui marqua le retour de la «jacquerie» au cœur des métropoles, et remit sur le devant de la scène les invisibles de la France périphérique. L'épidémie en 2020, avec le coronavirus, qui met en lumière le déclassement de la France et sa relégation au rang de puissance appauvrie dans la mondialisation. Épidémie qui rend visibles les oubliés des Ehpad, ce quatrième âge inutile aux performances de la *start-up nation*. Le grand récit sur l'émancipation pour tous qui fut au cœur de la conquête macroniste du pouvoir se heurte violemment au réel.

La fin d'un cycle libéral

Mais on aurait tort de croire à une subite disgrâce : malgré l'élection trompeuse d'un président libéral en 2017, cela fait bien longtemps que le libéralisme est à la peine en Occident, et singulièrement dans notre pays. Lenglet n'est pas le seul à diagnostiquer la fin d'un cycle libéral, qui s'était ouvert dans les années 1980 avec la révolution des communications, la dérégulation reagano-thatchérienne et la chute de l'URSS. «Ce cycle avait commencé par de vrais progrès de la démocratie avec la chute des régimes communistes mais a fini par confondre libéralisme et capitalisme actionnarial. L'épidémie du Covid n'a été que le coup de grâce», résume Nicolas Baverez[1], figure intellectuelle bien connue du libéralisme français contemporain. Le libéralisme occidental est menacé à l'extérieur par des régimes autoritaires : venues d'Asie ou de Russie, des voix contestent la prétention occidentale à imposer une vision des droits de l'homme illimitée. Nous croyions la démocratie libérale le meilleur des régimes, le culte des droits de l'homme, la religion des temps nouveaux et l'homme des droits, l'horizon indépassable de l'espèce humaine : mais à Moscou, à Prague, à Pékin, on ne pense pas ainsi. On croit encore au sacrifice de l'individu pour la nation. « Il faut avoir conscience qu'un individu n'est rien : seules les masses avancent », dit le président chinois Xi Jinping, tandis que, dans un entretien au *Financial Times*, Vladimir Poutine déclare le libéralisme « obsolète » et affirme que les libéraux « ne peuvent simplement plus dicter quoi que ce soit à qui que ce soit, comme ils ont pu tenter de le faire au cours des dernières décennies ».

Mais c'est à l'intérieur des sociétés occidentales que le libéralisme est le plus fortement mis en cause. Il est ébranlé par la surenchère sécuritaire face au terrorisme, par une gauche radicale qui fustige le « néolibéralisme », par un écologisme qui demande la suspension des libertés au nom de la lutte contre le réchauffement climatique, et par la poussée d'un communautarisme islamiste hostile aux valeurs libérales. Le libéralisme meurt aussi de ses propres excès, son économie de bulle qui aboutit à la concentration oligopolistique de l'économie entre les mains des géants des GAFAM, un individualisme

1. Entretien avec l'auteur.

de mœurs qui disloque le lien social et une culture des droits illimitée qui sape le bien commun.

Malheureux comme un libéral en France ?

La défaite intellectuelle du libéralisme est visible. Sur les étals des librairies, les livres des populistes, des conservateurs et de la gauche radicale se pavanent. Aux États-Unis, les économistes français qui triomphent ne sont pas libéraux mais socialistes. Thomas Piketty, dont le pavé, *Le Capital au XXIe siècle,* a fait un carton, y a été accueilli comme une rock star. Ses disciples Gabriel Zucman et Emmanuel Saez, enseignants à Berkeley, se sont fait connaître par leur livre *Le Triomphe de l'injustice*, qui démontre que les quatre cents plus riches familles américaines payent moins d'impôts proportionnellement que les plus pauvres depuis la réforme fiscale de Trump. Ils ont alimenté les débats de la primaire américaine et influencé directement les propositions de Bernie Sanders. L'école française, qui repose notamment sur une plus grande maîtrise des mathématiques et de la statistique (rare domaine où les écoles françaises maintiennent leur avance), est en train d'éclipser l'école de Chicago de Milton Friedman et de la révolution néolibérale des années 1980.

Ce blues global des libéraux se double en France d'une faiblesse structurelle de la tradition libérale. « De la Renaissance aux Lumières, les penseurs français se sont distingués, sauf exception, par un véritable culte de l'État », écrivent Mathieu Laine et Jean-Philippe Feldman dans leur essai *Transformer la France*. Malheureux comme un libéral en France ? Il est vrai que notre État-providence, notre dette publique et notre économie suradministrée, mais aussi la faiblesse des contre-pouvoirs et de la société civile face à un État jacobin centralisateur plaident pour la vision d'une France peu libérale. Les libéraux pointent souvent ce caractère « irréformable » de la nation française, une « société de défiance » selon l'expression des économistes Yann Algan et Pierre Cahuc.

De nombreuses raisons peuvent expliquer la faiblesse de la tradition libérale dans notre pays, et sa culture étatiste prononcée. En France, l'État préexiste à la nation qui est une construction de ce dernier, lentement mise en œuvre par les Capétiens, puis par la monarchie absolue et la République. De Philippe le Bel à de Gaulle en passant par Napoléon et Louis XIV, notre histoire est ponctuée de souverains ayant construit et étendu l'appareil administratif pour forger le corps social. L'héritage catholique et la tradition républicaine nous rendent doublement hostiles à l'empire du marché. Veine que l'on retrouve chez un Charles Péguy par exemple dont le pamphlet *L'Argent* fustige l'avènement de la loi du plus fort et la fin du sacré introduits par la société industrielle. Notre culture juridique héritée du droit romain et renforcée par la Révolution française fait que nous vouons un culte à la loi pour régler tous les conflits sociaux, et nous pensons, à l'instar de Lacordaire, religieux dominicain précurseur du catholicisme social, qu'« entre le fort et le faible, entre le riche et le pauvre, entre le maître et le serviteur, c'est la liberté qui opprime et la loi qui affranchit ».

Enfin on peut voir dans le caractère « cartésien » de notre mentalité nationale un obstacle de plus au libéralisme. En effet, l'esprit critique, le démon de la théorie et de la *tabula rasa* qui habitent nos intellectuels les rendent peu enclins à l'amour de la liberté. Là où les libéraux cultivent l'empirisme, chérissent l'ordre spontané de la société et font confiance à l'individu, la pensée critique et progressiste cultive l'abstraction et aime à considérer l'ordre social comme un jeu de Lego à remodeler à l'infini selon l'utopie du moment.

Pourtant, il existe une solide tradition libérale en France, de Montesquieu, le plus libéral des philosophes des Lumières, qui plaidait pour le doux commerce, à Raymond Aron, combattant solitaire de la liberté dans l'océan du gauchisme universitaire, en passant par Benjamin Constant, grand orateur parlementaire sous la Restauration, Frédéric Bastiat, le fondateur de l'Association pour la liberté des échanges, qui affirmait que « la liberté est la meilleure des organisations sociales », mais aussi Guizot, et le premier d'entre eux, Tocqueville, plus lu aux États-Unis qu'en France.

Technolibéraux optimistes et transhumanistes

Acculés de toutes parts par les banderilles des souverainistes, des populistes, des écologistes et des conservateurs, les intellectuels libéraux n'ont pourtant pas dit leur dernier mot. « Non, non, rien a changé, tout va continuer », veulent même chanter certains Poppys de la Silicon Valley, aficionados de la révolution numérique, espérant au contraire du « monde d'après » davantage de technologie, de communication et de circulation des connaissances. Alors qu'on accuse la mondialisation d'être responsable de la propagation du coronavirus, ils rappellent que la peste existait déjà dans les mondes clos. D'après l'historien israélien Yuval Harari, gourou de ces technolibéraux et auteur du best-seller *Sapiens. Une brève histoire de l'humanité* : « Le véritable antidote à l'épidémie n'est pas la ségrégation, mais la coopération. » (*Le Monde*). Il fustige le repli et la tentation du protectionnisme économique comme réponses à la crise sanitaire. Parmi ces « nouveaux optimistes », qui continuent à croire que nous vivons dans le meilleur des mondes possibles, on trouve le Suédois Johan Norberg, auteur de *Non ce n'était pas mieux avant* (Plon) qui déplore l'influence trompeuse des chaînes d'info en continu et pointe les progrès matériels de l'humanité : allongement de l'espérance de vie, progrès de l'hygiène, recul des famines et de la pauvreté. Le linguiste canado-américain Steven Pinker dans son best-seller *La Part d'ange en nous* (*The Better Angels of Our Nature*) entreprend de démontrer à grand renfort de statistiques le recul de la violence dans les sociétés modernes. Avec ce genre de commentaire édifiant : « Comme ils étaient dans les champs, Caïn se jeta sur son frère Abel et le tua. Avec une population mondiale de quatre habitants au total, cela fait un taux d'homicide de 25 %, c'est-à-dire mille fois plus élevé que dans les pays occidentaux de nos jours. » Ces technolibéraux optimistes, Pangloss des temps nouveaux, ont un argument pour eux : la technique, seul domaine où le progrès, à la peine sur le plan économique, culturel et sociétal, ne cesse de progresser. Évacuant la question du sens de la vie (interrogation conservatrice) ou de la permanence des inégalités (interrogation socialiste), ils se focalisent sur la part biologique de l'existence, santé, confort, vitesse et plaisirs.

La France semble pour le moment peu réceptive au courant transhumaniste né dans la Silicon Valley, utopie technoprogressiste ayant pour ambition de changer la condition humaine par la technologie, avec en ligne de mire le changement de sexe, la lutte contre le vieillissement, voire l'immortalité. Il semble que le mot « transhumaniste » soit difficile à assumer. Cependant, de plus en plus de voix technolibérales s'élèvent dans notre pays contre un écologisme jugé trop radical qui entraverait la course vers le progrès. C'est le cas du chirurgien et fondateur de Doctissimo, Laurent Alexandre, qui invite dans son essai *Jouissez jeunesse* à en finir avec l'« alarmisme écologiste ». Ou encore du philosophe Luc Ferry. « Après la chute du communisme, la haine du libéralisme devait absolument trouver un nouveau cheval », écrit l'ancien ministre de l'Éducation nationale dans *Le Figaro*[1]. « Le nouvel ennemi du libéralisme n'est plus le communisme, mais l'écologisme, dont l'hégémonie, notamment sur la jeunesse, est terrifiante[2] », s'inquiète aussi le fondateur de l'Institut Sapiens, Olivier Babeau. « C'est la réactivation du vieil anticapitalisme, des vieilles lunes collectivistes, de la haine de l'individu, de la *tabula rasa* », analyse-t-il.

1. Luc Ferry, « Sauver la planète ou détruire l'Occident ? », *Le Figaro*, 3 juillet 2019.
2. Entretien avec l'auteur.

Le succès des think tanks libéraux

Si les intellectuels libéraux sont peu nombreux à l'université (on chercherait vainement, depuis Raymond Aron, une figure de proue capable de les représenter), ils sont nombreux et très actifs dans les think tanks, moyens alternatifs aux campus pour diffuser leur pensée. Rapports, notes techniques, propositions clés en main, experts délégués sur les plateaux télé et dans les pages Opinions des journaux : ces laboratoires d'idées et leurs intellectuels infusent le débat public et inspirent les programmes politiques. Au «c'était mieux avant» des conservateurs, répond le «c'est mieux ailleurs» des libéraux, qui, à grand renfort d'études benchmarkées, démontrent la supériorité des modèles allemands et scandinaves sur une France jugée irréformable.

Le premier d'entre eux fut sans doute la Fondation Saint-Simon, créée en 1982 sous l'impulsion de l'historien François Furet, pour dépasser le clivage droite-gauche en cultivant l'esprit antitotalitaire dans ce qu'Alain Minc appellera le «cercle de la raison». Depuis les années 2000, les laboratoires d'idées à orientation libérale se sont multipliés. Tous n'ont pas la même orientation : l'Institut Montaigne, fondé par l'ex-patron d'Axa, Claude Bébéar, en 2000, cultive une orientation centriste et a supporté Emmanuel Macron en 2017, la Fondapol, créée en 2004 avec le soutien de l'UMP et dirigée par Dominique Reynié, se situe plutôt à droite, tout comme l'Institut Thomas-More, fondé en 2004 par l'ancien ministre Charles Millon, qui se décrit comme libéral-conservateur et catholique. Génération libre, le groupe de réflexion fondé par Gaspard Koenig en 2013, promeut au contraire une forme de libertarisme, conciliant progressisme absolu en matière de mœurs (légalisation du cannabis, de la GPA et de la prostitution) et laisser-faire économique, prônant le revenu universel et la propriété des données. Le Cercle Turgot, dont le vice-président Nicolas Bouzou est très présent dans les médias, se place sous l'égide du contrôleur des finances de Louis XVI qui réussit à réduire le déficit de l'État. L'Institut français pour la recherche sur les administrations et les politiques publiques (Ifrap), fondation devenue d'utilité publique en 2009, est dirigé par la très médiatique Agnès Verdier-Molinié qui distribue bons et mauvais points aux gouvernements avec pour objectif principal la baisse de la fiscalité. Les deux principaux think tanks de gauche, la Fondation Jean-Jaurès, proche du Parti socialiste et dirigée par le proche de Dominique Strauss-Kahn, Gilles Finchelstein, et la Fondation Terra Nova fondée par Olivier Ferrand, sont tous deux d'orientation libérale et sociale-démocrate.

Comment expliquer que la majorité des think tanks soient d'orientation libérale ? Les laboratoires d'idées sont venus pallier le vide idéologique des structures partisanes qui ne produisent plus de travail de fond, se contentant de gérer l'actualité au jour le jour selon le diktat de l'urgence et les impératifs de la communication. La vie universitaire étant trop spécialisée ou trop militante, les entreprises étant frileuses à s'exprimer de façon tranchée, un espace s'est ouvert dans le privé pour les idées libérales qui n'avaient pas la possibilité de s'exprimer en chaire. De plus, nombre de ces laboratoires d'idées sont financés par du mécénat d'entreprise ou des dons privés : la loi Léotard (1987) et la loi Aillagon (2003) ont mis en œuvre des mécanismes de défiscalisation permettant la subvention privée des fondations d'utilité publique. Les entreprises ayant peu d'intérêt à financer des laboratoires d'idées hostiles au marché, il est logique que la plupart des think tanks reflètent l'idéologie libérale.

Les héritiers de Tocqueville

Les libéraux ne sont pas tous des admirateurs de Jeff Bezos à trottinette ou des obsédés de la dette et de la fiscalité. Il existe chez eux une race plus noble, héritière de Tocqueville et de Raymond Aron, pour qui l'amour de la liberté est un culte de la conscience avant d'être une capacité d'entreprendre. L'avocat François Sureau en fait partie. Lunettes rondes, barbe grise, le bout des doigts noirci par le tabac, pipe au bec à la Maigret, qu'il affectionne, il appartient davantage à l'ancien monde qu'au nouveau. « Je suis quelqu'un qui préfère l'ancien temps mais qui ne pleure pas sur sa disparition », confirme l'intéressé, attablé devant un soufflé au Récamier, dans le 6e arrondissement. Libéral, il l'est profondément, mais au sens de Chateaubriand plutôt que d'Adam Smith. L'économie ne l'intéresse guère et la « maximisation des possibles » ne l'inspire pas. De gauche, de droite, François Sureau ? Ses mille vies, de légionnaire, d'écrivain, d'avocat et d'académicien le rendent inclassable. Il a aidé son ami François Fillon pendant la campagne de 2017, tout en participant à la rédaction des statuts d'En Marche. Monarchiste, il a inspiré l'interview d'Emmanuel Macron dans l'hebdo *Le 1* où celui-ci déplore le vide du pouvoir laissé par le roi. « Je suis un homme d'Ancien Régime. Parce que l'Ancien Régime, c'est le bordel. Le rêve d'une société pacifiée m'effraie, confie-t-il. C'est la vraie ligne de partage. Je préfère un désordre à une injustice, la liberté à l'organisation. J'ai horreur du progressisme, de la prétention à parler au nom du peuple, ce qui ne fait pas de moi quelqu'un de gauche. Je ne suis pas un thomiste mais un augustinien, je crois à l'imperfection de la cité terrestre, qui ne pourra jamais coïncider avec l'idéal, c'est pure folie de le penser. Mais, en même temps, j'ai bien conscience que le pessimisme anthropologique se transforme parfois en immobilisme[1]. »

Dans son ouvrage *Sans la liberté*, qui s'est vendu à plus de soixante mille exemplaires, l'avocat au Conseil d'État lance un cri d'alarme : « Nous nous sommes habitués à vivre sans la liberté. » Il vise aussi bien les forces de l'ordre surarmées dans nos rues que le « paternalisme étatique » et la surveillance généralisée des opinions. « La gauche a abandonné la liberté comme projet. La droite a abandonné la liberté comme tradition », écrit-il, renvoyant dos à dos « le grand bêlement progressiste » et le « grand bêlement sécuritaire ». Il s'insurge contre « les glissements progressifs de l'extase sécuritaire ». Sous François Hollande, il avait déjà plaidé devant le Conseil constitutionnel contre la pénalisation de la consultation

1. Entretien avec l'auteur.

des sites djihadistes (un « pur délit cognitif », inédit dans le droit français), mais aussi permis l'arrêt historique du Conseil d'État consacrant le « principe de fraternité » qui abroge partiellement le « délit de solidarité » dont étaient passibles ceux qui aidaient les migrants illégaux. Il s'est aussi fermement opposé au projet de loi Avia contre la « haine en ligne » qui ambitionnait de déléguer aux opérateurs privés la censure des propos jugés « haineux ». Une disposition jugée par nombre de ses détracteurs comme une atteinte sans précédent à la liberté d'expression, déjà sévèrement encadrée en France. Le Conseil constitutionnel a d'ailleurs rejeté la majeure partie des dispositions prévues dans la loi.

L'alliance retrouvée entre libéraux et conservateurs

La crise du coronavirus a été l'occasion d'une recomposition majeure du champ intellectuel : libéraux optimistes et conservateurs se sont retrouvés du même côté de la barrière, celui des « rassuristes » combattant les « alarmistes » d'une épidémie justifiant des atteintes inédites aux libertés. On a vu ainsi le libéral Nicolas Baverez rejoindre le conservateur Pierre Manent dans la critique d'une gestion autoritaire de la crise par le gouvernement macroniste. Mais ce n'est pas le seul sujet sur lequel une alliance entre conservateurs et libéraux se fait jour. Une « convergence des luttes » se met en œuvre aussi contre la gauche radicale, le wokisme et ses avatars qui prônent la censure et s'attaquent même à des figures majeures de la gauche libérale.

Cancel culture sur les réseaux sociaux, législation de plus en plus restreinte (lois Gayssot et Pleven), retour du délit de « blasphème » : plus que la liberté économique, la liberté des mœurs, la liberté de circuler, c'est la liberté d'expression, pilier du libéralisme politique, qui est menacée dans nos démocraties. Comme si la limitation de cette dernière était le prix à payer pour voir toutes les autres s'exercer sans frein. Dans une tribune publiée dans *Le Monde*[1] et dans plusieurs journaux anglo-saxons, cent cinquante écrivains et intellectuels, parmi lesquels l'universitaire Mark Lilla et la romancière Margaret Atwood, s'insurgeaient contre les nouveaux combattants de la justice sociale qui veulent faire disparaître leurs adversaires du débat public plutôt que de les combattre par la raison, citant notamment le cas de J. K. Rowling, la créatrice d'*Harry Potter*, traînée dans la boue pour avoir osé affirmer la différence des sexes. « L'échange libre des informations et des idées, qui est le moteur même des sociétés libérales, devient chaque jour plus limité », s'alarmaient les auteurs de la tribune, ajoutant : « Nous rejetons les faux choix qu'on nous présente entre la justice et la liberté : l'une n'existe pas sans l'autre. »

Le libéralisme est en effet contesté sur le plan politique et démocratique par le populisme, mais sur le plan moral et philosophique par la « pensée critique » (ou « Theory ») qui sape ses fondements même en s'attaquant à la possibilité même de la liberté de l'individu.

1. Mark Lilla, Margaret Atwood, Wynton Marsalis… : « Notre résistance à Donald Trump ne doit pas conduire au dogmatisme ou à la coercition », *Le Monde*, 8 juillet 2020.

Comme le résument magistralement Helen Pluckrose et James Lindsay dans leur livre *Cynical Theories* : « Le libéralisme voit le savoir comme quelque chose que l'on peut apprendre sur la réalité, la Théorie voit le savoir comme complètement créé par les humains – des histoires que l'on se raconte, dans le but involontaire de maintenir son statut social, privilège ou pouvoir. [...] Le libéralisme valorise les valeurs humaines individuelles et universelles ; la Théorie les rejette en faveur de l'identité de groupe et de la politique identitaire. Bien que les libéraux de gauche aient tendance à favoriser l'opprimé, le libéralisme en général est centré sur la dignité humaine ; la Théorie se concentre sur la victimisation. Le libéralisme encourage le désaccord et le débat comme moyens de découvrir la vérité ; la Théorie les rejette comme des moyens de renforcer les discours dominants qui suppriment certaines perspectives et insiste sur le fait que nous ne pouvons pas accéder à "la" vérité, mais seulement à "nos" vérités, qui sont enracinées dans nos valeurs. »

« Le libéralisme a construit le monde moderne, mais le monde moderne est en train de se retourner contre lui » : telle était l'accroche du « Manifeste pour un renouveau du libéralisme » publié par l'*Economist* à l'occasion de son 175e anniversaire en 2018. Le magazine britannique, hebdomadaire de référence à tonalité libérale, faisait l'amer constat d'une défaite de la pensée libérale, menacée selon lui par la poussée du nationalisme, le gauchisme universitaire et le communautarisme religieux. Il invitait le libéralisme à se réinventer, en retournant à ses fondements.

Reprise en main de notre cognition face à l'économie de l'attention, défense de la vie privée contre le capitalisme de la surveillance, sauvegarde de la liberté d'expression à l'ère des nouvelles censures : le libéralisme a un rôle à jouer dans les nouveaux défis du XXIe siècle. Face aux technodictatures et au combat des réseaux sociaux, la question de la liberté de l'individu, de sa capacité de résister à la pression sociale, la culture du débat deviennent à nouveau indispensables. La possibilité même d'une vie intellectuelle en dépend.

5

Le tiers-parti intellectuel : la guerre des gauches

Cheveux de jais coquettement teints, voix chuintante : à quatre-vingt-sept ans, Jacques Julliard n'a rien perdu de l'acuité de son regard sur le champ de bataille intellectuel qu'il scrute avec un intérêt farouche. Il me reçoit dans sa charmante maison bourgeoise de Bourg-la-Reine, aux murs tapissés de livres et d'objets d'art religieux. L'historien aime mieux accueillir chez lui que d'avoir à déjeuner dans les restaurants bruyants du centre-ville. Il reçoit de temps en temps François Hollande, l'ancien président de la République, pour qui il a beaucoup de respect, mais n'hésite pas non plus à fréquenter le sulfureux penseur de la Nouvelle Droite Alain de Benoist. Le sectarisme lui est étranger. L'évolution de l'historien est emblématique d'une mutation du passage intellectuel. Catho de gauche se disant «proudhonien», Jacques Julliard a été membre de la direction de la CFDT, collaborateur à la revue *Esprit*, directeur de collection aux éditions du Seuil et éditorialiste pendant trente-deux ans au *Nouvel Obs* : le parcours sans faute de l'intellectuel organique de la deuxième gauche. Mais, depuis 2017, c'est désormais dans *Le Figaro* que, chaque mois, il donne une pleine page de réflexions sur l'air du temps. Lui qui aime à dire que dans son « conseil d'administration intérieure, il y a 24 % de traditionaliste, 24 % d'esprit libertaire et 52 % d'esprit social-démocrate » est aujourd'hui plus lu et apprécié dans les rangs de la bourgeoisie conservatrice que chez les « bobos » qu'il aime à moquer régulièrement. Fustigeant l'aveuglement de nombre d'intellectuels de son camp, et leur dénégation du réel, il prend à bras-le-corps des sujets aussi clivants que l'immigration, l'identité ou l'islamisme. Pourtant, il se refuse toujours à abandonner l'oriflamme de son camp. « Je me sens toujours de gauche, persiste-t-il. Mais je ne me sens plus représenté par ceux qui parlent en son nom. » Non, ce n'est pas lui qui a changé : c'est la gauche qui a cessé de l'être. « La gauche n'a pas livré bataille. Elle s'est coupée d'une partie de ses racines intellectuelles, il ne lui reste que des économistes anticapitalistes et des historiens multiculturalistes. Nous vivons aujourd'hui un véritable chiasme intellectuel : la gauche a abandonné toutes ses valeurs – la laïcité, la nation, l'universel, l'école républicaine, la sécurité – à la droite. Ce qui a occasionné un décalage de plus en plus important entre le peuple de gauche et les intellectuels censés le représenter », analyse-t-il[1]. Il n'est pas le seul à le penser. Comme lui, le prudent Pierre Nora, qui tient à sa posture d'intellectuel désengagé, abandonne de plus en plus fréquemment son surmoi d'homme de gauche. « La bataille des idées a-t-elle été gagnée par la droite ? Ce n'est pas faux, me confie-t-il, mais en même temps on

1. Entretien avec l'auteur.

qualifie d'intellectuels de droite des gens qui ne sont pas de droite comme Julliard, moi, Gauchet, Finkielkraut. Nous sommes à droite pour des raisons de gauche», résume l'éditeur dans un clin d'œil.

Est-ce la gauche qui a perdu la bataille des idées ou la droite qui l'a gagnée ? Il existe une troisième réponse : ni l'un ni l'autre. Les nouveaux clivages idéologiques ont effacé cette frontière intellectuelle datant de la Révolution française, et nombre de figures majeures de la vie des idées ne se reconnaissent plus dans ce découpage partisan. « Suis-je un intellectuel de droite ? On est sortis du principe espérance, pour entrer dans le principe responsabilité. La gauche et la droite ne sont que les modalités d'une même espérance», dit par exemple Alain Finkielkraut, qui fut comme beaucoup à son époque brièvement maoïste, avant de devenir le chef de file de ceux qu'on désigne sous l'étiquette infamante de « néoréactionnaires ». Dans son pamphlet, Lindenberg désignait ainsi un groupe d'intellectuels de gauche passés de la critique antitotalitaire des utopies de la gauche radicale à une remise en question générale de la société ouverte et du multiculturalisme. Parmi ses cibles, on trouvait Alain Finkielkraut, Pascal Bruckner, Luc Ferry, Pierre Nora ou encore Marcel Gauchet.

Lindenberg appréhendait une mutation réelle dans le champ des idées sous la perspective d'un jugement moral : la « dérive » d'un groupe d'intellectuels venus des rangs de la gauche antitotalitaire vers le conservatisme, voire des thèmes réactionnaires (critique de la modernité et de la dilution des attaches, de l'égalitarisme démocratique et du « droit-de-l'hommisme »).

Pourtant un mouvement aussi massif de la pensée peut-il seulement être décrit selon une logique d'égarement ? Ne traduit-il pas plutôt le fait que c'est le réel lui-même qui a changé[1] et donné tort à leurs illusions ? Les intellectuels en question ont-ils vraiment changé de camp ou bien n'ont-ils fait que mettre à jour leur logiciel idéologique face aux faits ?

Ainsi Jacques Julliard (qui a été rajouté à la « liste » de Lindenberg lors de la réédition du livre en 2016, en plein essor de la pensée conservatrice) préfère parler lui de « tiers-parti intellectuel » pour désigner les figures de l'intelligentsia qui, comme lui, ne se reconnaissent plus dans la gauche progressiste et multiculturaliste, mais répugnent encore à endosser l'étiquette de « droite » rébarbative pour l'intellectuel.

Personnalités venues de la gauche, ils ont décidé d'en finir avec la mauvaise conscience qui hante un camp intellectuel où il faut sans cesse donner des gages, afficher la pureté de ses principes et traquer les « déviants ». Quand Jean-François Revel et Raymond Aron devaient se justifier de ne plus lui être fidèles, eux n'en ont cure. « Ce qui me frappe, c'est le nombre de gens venant de la gauche qui sont en divorce moral, spirituel avec leur camp », constate Jacques Julliard. Pour autant, leurs références et leurs valeurs ne sont pas celles de la droite réactionnaire : ils ne citent pas Maurras, Maistre ou Burke, mais Voltaire, Jules Ferry ou Albert Camus. Ils n'invoquent pas la terre, l'ordre et les morts, mais la

1. Comme le soulignait Élisabeth Lévy dans *La Gauche contre le réel* (Fayard, 2012).

laïcité, la République et la liberté. « Hommes des Lumières, ils questionnent les Lumières ; démocrates, ils critiquent la démocratie », résumait Élisabeth Lévy dans *La Gauche contre le réel*. Ils refusent pour autant d'être confondus et assimilés à la geste populiste ou à la pensée réactionnaire, qui rejettent les formes de la démocratie libérale ou l'héritage de la modernité. « "Ni Rosanvallon ni Zemmour" pourrait être leur slogan », résume Jacques Julliard. Ils ne sont pas tous réformistes : certains, comme Régis Debray, Jean-Claude Michéa ou Jean-Pierre Chevènement conjuguent la critique du marché à celle du libéralisme culturel.

On peut faire la liste de ces intellectuels venus de la gauche, aujourd'hui taxés de « néoréactionnaires », qui écrivent plus souvent dans *Le Figaro* que dans *Le Monde* : le sociologue Jean-Pierre Le Goff, critique du « gauchisme culturel », l'historien Georges Bensoussan parlant de « nouvel antisémitisme », la féministe Élisabeth Badinter alertant sur les « territoires perdus de la République », le politologue Laurent Bouvet qui évoque l'« insécurité culturelle », l'écrivain Pascal Bruckner dénonçant le politiquement correct, le géographe Christophe Guilluy, inventeur du syntagme « France périphérique », tous ont en commun le fait de continuer à se revendiquer de la famille intellectuelle et spirituelle de la gauche, tout en étant accusés de dériver vers la droite. « *Le Figaro* est devenu leur organe d'expression », dit Jacques Julliard. « *Le Figaro* a conduit une véritable OPA sur les intellectuels. Avant, j'écrivais dans *L'Obs*. Jean Daniel m'a fait une crise quand j'ai commencé à écrire dans *Le Figaro* », confie pour sa part Pierre Nora.

Ce groupe intellectuel aux contours mal définis (sont-ils « républicains », « laïques », « universalistes » ?) a rompu avec son camp sur trois grandes querelles : la question de l'islam (et de l'antisémitisme), à partir de l'affaire du voile de Creil jusqu'au massacre de *Charlie Hebdo*, la question de l'école et de la culture et, enfin, la question de l'identité française soulevée par le problème des « banlieues » et l'immigration massive. Ils ne se placent plus sur le terrain classique de la gauche, la question sociale et économique, mais sur l'échiquier de la guerre culturelle.

Le voile, les territoires perdus, **Charlie Hebdo**

On peut dire que l'émergence du « tiers-parti intellectuel » date de 1989 : sous l'apparent unanimisme suscité par la chute du Mur et la communion factice de la gauche mitterrandienne autour du bicentenaire de la Révolution française[1], une nouvelle fissure, appelée à devenir une faille, traverse l'intelligentsia française. Alors que l'opposition entre socialisme et deuxième gauche tend à s'estomper, un nouveau clivage intellectuel se dessine et va se cristalliser autour d'un objet exotique, appelé à une grande postérité médiatique : le voile. En septembre 1989, trois collégiennes maghrébines se rendent à leur lycée de Creil vêtues d'un zif, voile traditionnel marocain. L'affaire des « foulards »

1. Communion factice car la célébration du bicentenaire fut ébréchée par la querelle autour de la Terreur, après que les historiens François Furet et Mona Ozouf se soient demandé publiquement comment la commémorer.

va enflammer le débat intellectuel et politique pendant plusieurs dizaines d'années, déchirant le camp de la gauche au pouvoir. Tandis que SOS Racisme condamne les responsables du lycée, la militante féministe Gisèle Halimi claque la porte de l'association, au nom du droit des femmes, qu'elle estime bafoué par cet objet rétrograde. Féministes, socialistes, communistes et chrétiens sont divisés selon une nouvelle ligne de front qui se structure autour de la laïcité. Dans *Le Nouvel Observateur* du 2 novembre 1989, les intellectuels Alain Finkielkraut, Régis Debray, Élisabeth de Fontenay, Élisabeth Badinter et Catherine Kintzler signent une tribune retentissante intitulée : « Profs, ne capitulons pas ! » Ces cinq figures de la gauche républicaine avertissent : « L'avenir dira si l'année du bicentenaire aura vu le Munich de l'école républicaine. » Ils s'adressent à Lionel Jospin : « Négocier, comme vous le faites, en annonçant que l'on va céder, cela porte un nom : capituler. »

C'est l'émergence de deux gauches qui deviendront bientôt, selon la formule du Premier ministre Manuel Valls, « irréconciliables ». L'ancienne fracture opposait la gauche révolutionnaire, celle qui voulait renverser le capitalisme, à la gauche réformiste qui acceptait l'économie de marché. La deuxième fracture – qui ne se superpose pas toujours avec la première – oppose désormais les tenants d'un héritage républicain hostile aux religions et favorable à la laïcité à ceux qui voient dans les musulmans des « damnés de la Terre » de substitution, que ce soit par idéologie de revanche postcoloniale ou par progressisme « intersectionnel ». En 1995, Régis Debray théorise cet affrontement dans un célèbre article paru dans *Le Nouvel Obs,* «Êtes-vous démocrate ou républicain ?», distinguant entre une tradition issue de la Révolution française attachée à la laïcité et une mentalité anglo-saxonne : «La démocratie, c'est ce qui reste de la République quand on éteint les Lumières.»

Ce clivage traverse notamment le féminisme, avec l'émergence de deux grands courants puissamment opposés : l'un universaliste, hostile au voile perçu comme un symbole d'oppression patriarcale, l'autre multiculturaliste, qui défend la liberté des femmes de se vêtir comme elles le désirent et dénonce l'islamophobie.

La publication des *Territoires perdus de la République* en 2002 fut un second tournant. Dans cet ouvrage collectif dirigé par «Emmanuel Brenner», pseudonyme de l'historien Georges Bensoussan, les auteurs rassemblaient des témoignages démontrant l'antisémitisme, le racisme et le sexisme en milieu scolaire dans les banlieues, révélant notamment l'impossibilité d'enseigner la Shoah dans certaines classes. Le livre reçut un accueil mitigé : si l'expression fut reprise par le chef de l'État français, Jacques Chirac, dans son discours de Valenciennes de 2003, une partie de l'intelligentsia accueillit le livre par le mutisme, voire le déni. Dans son fameux livre sur les nouveaux réactionnaires, Daniel Lindenberg ne les accusait-il pas de surfer sur «une vague d'antisémitisme dont la réalité est sujette à caution[1]» ? Cette «réalité» sujette à caution allait peu à peu devenir indubitable, et l'attentat commis par Mohamed Merah

1. Daniel Lindenberg, *Le rappel à l'ordre*, chapitre «When Jews turn right».

dans une école juive de Toulouse le 19 septembre 2012 allait tristement donner raison aux lanceurs d'alerte. La question de l'antisémitisme ne cesse pourtant pas de diviser : le tiers-parti intellectuel maintient sa vigilance sur ce sujet, et accuse régulièrement le reste de la gauche de continuer de fermer les yeux. Ainsi dans une tribune au *Figaro*[1], dix-sept intellectuels, parmi lesquels Élisabeth Badinter, Georges Bensoussan, Alain Finkielkraut, Jacques Julliard, mais aussi Marcel Gauchet et Michel Onfray s'indignaient de la « politique de l'autruche » menée au sujet de l'affaire Sarah Halimi, vieille dame juive assassinée dont l'agresseur était déclaré inapte à être jugé.

Après la question du voile, la résurgence de l'antisémitisme, un troisième choc allait définitivement contribuer à détacher le tiers-parti intellectuel de l'intelligentsia de gauche : le procès, puis les attentats de *Charlie Hebdo* de 2015. Le rapport à ce journal satirique, délibérément blessant et provocateur, libertaire et athée, allait déterminer une nouvelle fracture autour du thème de l'islamophobie. Si les membres du tiers-parti intellectuel critiquent cette notion, piège selon eux empêchant de critiquer l'islam, leurs adversaires mettent en avant l'existence d'un racisme spécifique à l'égard de la population musulmane. Les attentats qui ont décimé la rédaction en 2015 transformèrent une divergence d'appréciation en division constitutive : plus aucun compromis n'est désormais possible entre « la gauche *Charlie* » et la

1. « Que la vérité soit dite sur le meurtre de Sarah Halimi », *Le Figaro*, 1er juin 2017.

« gauche Mediapart », celles-ci s'affrontant d'ailleurs publiquement par presse interposée dans des termes très violents. Comme le résume Alain Finkielkraut, l'attaque de *Charlie Hebdo* achèvera « la division du monde politique, médiatique et intellectuel entre deux partis. Il y a d'un côté "le parti du sursaut" et "le parti de l'Autre" ». L'affrontement entre une gauche ayant fait son aggiornamento sociétal, après avoir fait son aggiornamento économique, et une gauche accrochée à la défense des minorités, est l'une des lignes de fracture les plus profondes de la vie intellectuelle française.

De quoi l'islamo-gauchisme est-il le nom ?

« Islamo-gauchiste » : le terme fuse comme une insulte dans le débat public depuis une vingtaine d'années. Le premier à l'utiliser fut sans doute le politologue Pierre-André Taguieff[1], puis il fut repris par plusieurs membres du tiers-parti intellectuel comme Élisabeth Badinter, Jacques Julliard, Alain Finkielkraut ou Caroline Fourest pour désigner une frange de la gauche qui aurait dérivé. Si le terme ressemble à un nom d'oiseau, utilisé à tort et à travers au point qu'il semble assez galvaudé, il a le mérite de désigner une réalité indubitable du champ intellectuel occidental : le passage dans la gauche radicale de l'athéisme et de la défense de la laïcité à la complaisance envers la religion de musulmans érigés en « damnés de la Terre » de substitution.

1. « Je ne peux pas dire avec certitude que l'expression est une invention personnelle », dira Taguieff à *Libération*.

« Il y a un problème de l'islamo-gauchisme », affirme ainsi Jacques Julliard, se demandant, pourquoi et comment une poignée d'intellectuels d'extrême gauche, peu nombreux mais très influents dans les médias et dans la mouvance des droits de l'homme, ont imposé une véritable sanctuarisation de l'islam dans l'espace politique français. L'historien des idées donne plusieurs raisons à cette complaisance d'une partie minoritaire des intellectuels pour l'islamisme : adoption d'un peuple de substitution après la fuite à droite du prolétariat, appétence pour la violence et la radicalité constitutive de l'intelligentsia depuis le XXe siècle, et « haine du christianisme » comme héritage d'une culture occidentale à détruire. Pour le politologue Laurent Bouvet, « cette position, très ancrée dans toute une partie de la gauche française et européenne – au-delà de ce que l'on appelle communément l'extrême gauche –, combine un radicalisme politique très marqué, notamment dans la revendication d'un certain degré de violence contre l'État et les forces de l'ordre [et une] tradition anticapitaliste avec une complaisance, sinon une connivence avec la cause islamiste[1] ».

En France, le terreau anticolonialiste et l'antiaméricanisme tiers-mondiste ont été fertiles pour faire émerger une fascination teintée de mansuétude pour le réveil de l'islam dans les pays arabes. Ainsi Sartre, l'existentialiste athée, a-t-il lu dans la révolution iranienne une révolte contre l'impérialisme. Il déclara : « Je n'ai pas de religion, mais si je devais en choisir une, ce serait celle de Shariati », intellectuel musulman proposant la synthèse de l'islam et de la Révolution. Michel Foucault n'a pas caché son admiration pour la révolution de 1979 : « Il n'était pas besoin d'être voyant pour constater

1. *Revue des Deux Mondes*, octobre 2018.

que la religion ne constituait pas une forme de compromis, mais bel et bien une force : celle qui pouvait faire soulever un peuple non seulement contre le souverain et sa police, mais contre tout un régime, tout un mode de vie, tout un monde », écrit-il dans un de ses reportages pour le *Corriere della Sera*. Plus peut-être que la défense des opprimés, c'est l'islam comme force de l'Histoire en marche qui fascine ces intellectuels dont la vocation est de transformer le monde.

L'islamo-gauchisme peut aussi procéder d'une certaine naïveté idéologique. C'est le cas par exemple chez Chris Harman, militant trotskiste britannique et membre du Socialist Worker Party, qui écrit en 1994 un texte qu'on pourrait considérer comme fondateur de l'islamo-gauchisme, intitulé *Le Prophète et le Prolétariat*, où il fait de l'islam radical un « mouvement social » qu'il serait une « erreur » de désigner comme fasciste. L'islamisme radical est selon lui une « utopie » et dire que les islamistes sont les ennemis de la laïcité, c'est « faciliter aux islamistes la représentation de la gauche comme faisant partie d'une conspiration "infidèle", "laïciste" des "oppresseurs" contre les couches les plus pauvres de la société ». Si Harman affirme que « les islamistes ne sont pas nos alliés », il dit qu'il ne faut pas non plus les traiter en ennemis. Selon lui, il faut essayer de guider une partie de la jeunesse musulmane vers le progressisme, sans chercher à la braquer avec la laïcité.

C'est ce paternalisme qu'on retrouve chez une partie de l'intelligentsia française. Le professeur de philosophie Pierre Tevanian, membre fondateur du collectif Les mots sont importants, qui se donne pour ambition de déconstruire la langue des médias, publie en 2013 *La Haine de la religion, opium du peuple de gauche*

(La Découverte). En réaction à la polémique en 2010 autour d'une candidate voilée présentée par le NPA aux élections et au cours de laquelle de nombreuses voix avaient reproché au parti anticapitaliste de renier l'héritage marxiste, il dénonce le « consensus servile des libres-penseurs autour du catéchisme antifoulard ». Selon lui, c'est la laïcité et l'athéisme qui sont devenus la religion de la gauche. Il appelle au contraire à davantage d'ouverture envers la religion qui peut aussi être un facteur d'émancipation des dominés face au « capital ».

Dans *Pour les musulmans* en 2014, l'ex-directeur du *Monde* et fondateur de Mediapart Edwy Plenel s'appuie sur une autre veine : il veut reprendre le flambeau de Zola et être aux musulmans d'aujourd'hui ce que fut l'auteur de « J'accuse » aux Juifs pendant l'affaire Dreyfus.

Il est convaincu que la « construction [à noter ce terme de construction directement inspiré de la sociologie critique] d'un problème musulman » est comparable à « l'acceptation passive de la construction d'une question juive » dans les années 1930. « "Il y a un problème de l'islam en France"... D'avoir, une énième fois, entendu ce refrain qui, sans entrave aucune, met la France en guerre contre une religion, l'accoutumant à l'indifférence, bref l'habituant au pire, m'a donc décidé à écrire ce livre. À cette banalisation intellectuelle d'un discours semblable à celui qui, avant la catastrophe européenne, affirmait l'existence d'un "problème juif" en France, j'ai voulu répondre en prenant résolument le parti de nos compatriotes d'origine, de culture ou de croyance musulmane contre ceux qui les érigent en boucs émissaires de nos inquiétudes et de nos incertitudes. » L'obnubilation de la répétition du même, à savoir l'extermination massive d'une population en raison de sa religion et la conviction d'un engrenage fatal de la « violence symbolique » à la violence physique, conduit toute une partie de la gauche à fermer les yeux devant le problème islamiste.

À noter que contrairement à l'expression raciste « judéo-bolchevisme » qui faisait référence aux origines juives de nombreux penseurs du communisme pour dénoncer un pseudo-complot mondial, l'islamo-gauchisme est moins le fait d'intellectuels musulmans convertis au socialisme que de compagnons de route parfaitement athées de la religion supposément des faibles. Si l'antisémitisme s'appuie sur une rhétorique du complot, la dénonciation de l'islamo-gauchisme s'appuie sur une rhétorique de la compromission.

La querelle de l'école

Une autre querelle va détacher une partie de l'intelligentsia de gauche de ses amarres originelles : la querelle de l'école. Si la vieille guerre scolaire opposait traditionnellement la droite et la gauche autour de la question de l'enseignement libre ou laïque, un nouveau débat naît à la fin des années 1990 entre deux camps : celui dit des « pédagos » appuyant la nécessaire démocratisation du savoir et l'école comme lieu de lutte contre les inégalités et celui des « républicains » accusant les premiers de détruire la transmission et de niveler par le bas. Les premiers, se réclamant de Bourdieu, voient dans l'école d'abord un lieu où se perpétuent les inégalités sociales, et où elles devraient se corriger. Les seconds, s'appuyant sur Ferry et les grands maîtres de la

Troisième République, voient dans la salle de classe un lieu de transmission et critiquent les ravages introduits par la pensée libertaire des années 1970 qui a balayé toutes les hiérarchies.

En 1989, deux sociologues, Christian Baudelot et Roger Establet, publient *Le niveau monte* un livre au sous-titre explicite : *Réfutation d'une vieille idée concernant la prétendue décadence de nos écoles.* Ils y dénoncent les « pleureuses » de l'Éducation nationale. Selon un raisonnement imparable digne de la logique du chaudron[1], souvent d'ailleurs utilisée à gauche dans la mécanique du déni (notamment au sujet de l'immigration), les auteurs formulaient ce triple constat : 1) la critique d'une baisse de niveau a toujours existé, on en retrouve des exemples dès le XIXe siècle ; 2) le « niveau » n'existe pas, c'est une notion impossible à définir ; 3) de toute façon, il faut combattre la « sélection ». Le livre lançait un véritable débat appelé à fleurir dans les années suivantes : la démocratisation de l'enseignement aboutissait-elle à un nivellement par le bas ? L'écrivain Danièle Sallenave, dans un article au *Monde,* intitulé « La nouvelle trahison des clercs », dénonçait « l'acharnement des intellectuels contre la culture », au nom de l'égalitarisme.

Le nouveau consensus sur la crise de l'école émerge dans les années 2000, notamment dans les colonnes de

1. Ainsi définie par Freud : A a emprunté à B un chaudron de cuivre et après l'avoir rendu, il est mis en accusation par B parce que le chaudron présente désormais un grand trou qui le rend inutilisable. Voici sa défense : « Premièrement je n'ai absolument pas emprunté de chaudron à B ; deuxièmement le chaudron avait déjà un trou lorsque je l'ai reçu de B ; troisièmement je lui ai rendu le chaudron intact. »

la revue *Le Débat*, où une veine d'inspiration arendtienne se déploie contre la « crise de la culture ». L'idée d'un déclin de l'école républicaine est argumentée notamment dans les livres d'Alain Finkielkraut, *La Querelle de l'école* (2007), Jean-Claude Michéa, *L'Enseignement de l'ignorance* (2006) ou Jacques Julliard, *L'école est finie* (2015). La journaliste et essayiste Natacha Polony, figure émanant de la nébuleuse souverainiste de gauche et assumant un ancrage conservateur, se fit le relais puissant de ces inquiétudes.

La structuration du tiers-parti intellectuel sur cette question atteint son point d'orgue sous le quinquennat de François Hollande avec la réforme du collège de la ministre Najat Vallaud-Belkacem, qui prévoyait notamment la suppression des classes bilingues et européennes, ainsi que du latin et du grec, remplacés par un enseignement des cultures de l'Antiquité[1]. De nombreux penseurs appartenant à la mouvance du tiers-parti intellectuel s'érigèrent contre cette réforme. Marc Fumaroli déplora publiquement la fin des humanités, Pierre Nora y voyait « l'expression d'une France fatiguée d'être elle-même, d'un pays qui ne sait pas trop où il va et ne sait donc pas dire d'où il vient », tandis que Régis Debray lançait : « La civilisation, ce n'est pas le Nutella, c'est l'effort ! » Jacques Julliard, Alain Finkielkraut, Luc Ferry, Pascal Bruckner ne ménagèrent point leurs critiques, à tel point que la ministre elle-même, Najat Vallaud-Belkacem, perdit ses nerfs et critiqua en direct

1. Mesure supprimée face à l'opposition.

sur Europe 1 ces « pseudo-intellectuels » qui osaient remettre en cause sa réforme.

Trente ans après le début de la polémique, le constat d'une « crise de l'école » ne fait presque plus débat et les tenants du « pédagogisme » ne font plus recette face à la réalité factuelle d'un effondrement du niveau. Si une partie de la gauche radicale continue d'appuyer l'idée bourdieusienne d'une école encore trop hiérarchique, l'idée d'un retour aux fondamentaux de la transmission est désormais largement partagée, comme en témoigne le succès dans l'opinion des réformes Blanquer au début du quinquennat d'Emmanuel Macron.

Orphelins politiques

Le quinquennat de François Hollande, et en particulier l'année 2015, fut particulièrement important pour structurer ce tiers-parti intellectuel. Attentats de *Charlie Hebdo*, réforme du collège et crise migratoire achevèrent de détacher une partie de l'intelligentsia de gauche du progressisme multiculturaliste, pour lui faire embrasser certains thèmes conservateurs.

On pouvait discerner derrière la candidature de Jean-Pierre Chevènement en 2002, qui rassembla nombre d'intellectuels et forgea une génération, une tentative d'incarnation politique de ce tiers-parti. Dernièrement l'initiative du Printemps républicain, mouvement issu du PS cherchant à promouvoir la « laïcité » à gauche, né à la fin du quinquennat de François Hollande, essaie sans succès tangible de donner une incarnation politique trop étroite (car focalisée sur la question unique de la laïcité) à cet alliage idéologique.

Orpheline politiquement, cette mouvance a puissamment fait évoluer la bataille des idées. En abordant de front des thématiques autrefois taboues, dont une droite tétanisée n'osait pas se saisir, comme l'islam, l'immigration, la transmission, l'identité, cette intelligentsia de gauche a fait basculer une partie de la guerre des idées. Néanmoins, si ce tiers-parti intellectuel reste soudé par l'hostilité que lui manifeste la gauche progressiste et multiculturelle, qui tente sans cesse de lui coller l'étiquette de « réactionnaire », il reste d'une grande hétérogénéité. Entre la « laïcarde » féministe Élisabeth Badinter et le catho proudhonien Jacques Julliard, le péguyste enraciné Alain Finkielkraut et le libertaire nietzschéen Michel Onfray, il y a des différences profondes de pensée qui ne sont pas seulement des nuances. Mais il reste que ces personnalités acceptent de débattre entre eux et de faire front commun sur des sujets cruciaux engageant la guerre culturelle.

6

Le populisme intellectuel : Onfray, Guilluy, Michéa, des intellos en gilet jaune

Octobre 2018. Un an et demi après la victoire d'Emmanuel Macron à la présidentielle, une révolte fiscale contre la taxe écologique affectant le coût de l'essence enflamme les provinces. Sur les tableaux de bord et les plages arrière des bagnoles roulant au diesel fleurissent les gilets fluorescents, devenus la petite main jaune, le « SOS » de protestation des invisibles de la France périphérique. Caristes, aides-soignantes, caissières, travailleurs indépendants envahissent les ronds-points et les plateaux télé. Mille cinq cents groupes Facebook naissent en deux mois. Une « jacquerie » vient percuter de plein fouet le programme du Nouveau Monde.

À leurs débuts, ces « Gilets jaunes » semblent mettre d'accord des intellectuels venus de rangs opposés. Alain Finkielkraut exprime sa sympathie pour un mouvement mettant en avant « la classe moyenne et les classes populaires [qui] vivent en France dans un double état d'insécurité économique et d'insécurité culturelle ». « Chaque personne qui insultait un Gilet jaune insultait mon père », écrit quant à lui l'écrivain d'extrême gauche Édouard Louis (qui pourtant n'avait pas manqué de salir son père dans son best-seller *En finir avec Eddy Bellegueule*),

Mépris

en général plus à l'aise dans les cortèges Vérité pour Adama que sur les ronds-points.

La gauche désemparée

La gauche intellectuelle est désemparée. Elle qui a abandonné les classes populaires pour les minorités regarde avec prudence ces petits Blancs en colère. Le caractère antifiscal d'une révolte dirigée qui plus est contre une taxe écologique semble l'enraciner dans une tradition droitière. Les drapeaux tricolores et régionaux et *La Marseillaise* qui parsèment les manifs effraient les adeptes du gauchisme culturel. La demande du RIC, référendum d'initiative citoyenne, affole les progressistes qui y voient l'occasion de revenir sur l'abolition de la peine de mort. Ancien soixante-huitard, le cinéaste Romain Goupil dénonce une « collusion rouge-brun qui menace la démocratie », une « lutte des casses » et de la « graine de fascistes », tandis que son compère Dany Cohn-Bendit déplore un « mouvement poujadiste ». Le journaliste de France Culture Brice Couturier déclare que « face à des tentatives insurrectionnelles, [...] il est difficile de ne pas faire usage de l'autorité et même d'une certaine forme de répression ». Dans un texte envoyé au *Monde* mais que le journal a refusé de publier, le philosophe marxiste Alain Badiou, figure de la gauche radicale et nostalgique du communisme, exprime ses réserves quant à un soulèvement qu'il juge « réactionnaire » et « inefficace ». Le mouvement suscite même la division entre les deux historiens de gauche,

Gérard Noiriel et Patrick Boucheron. Sur France Inter, le professeur au Collège de France se montre dubitatif quant à la récupération du mouvement par les intellectuels de gauche et affiche son mépris pour la « petite came insurrectionnelle ». Dans un long article de blog[1], Noiriel dénonce le manque d'empathie de son confrère, lui reprochant de n'avoir pas eu un mot contre les violences policières dont souffrent les manifestants.

Le clivage entre « réformistes » et « radicaux », occulté un temps par les lignes de fracture autour de l'islam (voir le chapitre précédent), reprend de la vigueur à la faveur de ce mouvement de contestation de la politique macroniste. Ainsi l'universitaire Philippe Corcuff décrit l'affrontement « entre, d'une part, une gauche mouvementiste, en quête d'un "populaire" qu'elle tend à homogénéiser et à essentialiser en un bloc positif [...] et, d'autre part, une gauche antitotalitaire pour laquelle les affects populaires, eux aussi essentialisés mais négativement, constituent une menace pour la démocratie[2] ».

Cependant les violences policières, thématique classique de l'extrême gauche, permettent bientôt à cette dernière de récupérer une partie du mouvement en lui appliquant une grille de lecture de lutte contre l'État dit « policier ». À mesure que les blocages conviviaux des ronds-points et des parkings de supermarché cédaient la place aux images de centres-villes en flamme, de casse et de visages éborgnés, une partie de la gauche radicale

1. Gérard Noiriel, « Patrick Boucheron, un historien sans gilet jaune », 14 février 2019.

2. Philippe Corcuff, « Et tant pis si les intellectuels de gauche sont fatigués ! », *AOC*, 28 janvier 2019.

lut dans l'événement « l'insurrection qui vient », le fameux Grand Soir révolutionnaire où la convergence des luttes pourrait enfin avoir lieu. Après le moment d'effarement, les Gilets jaunes apparurent comme une divine surprise permettant le retour de la lutte des classes au cœur de l'agenda politique. De fait, la principale conséquence intellectuelle du mouvement fut de remettre la question économique et sociale au cœur d'une vie des idées dominée ces dix dernières années par les questions sociétales et identitaires. *Exit* le voile, l'intégration, la théorie du genre, les lois de bioéthique, tous les sujets de la guerre culturelle. Pendant plusieurs mois, on ne parlera plus sur les plateaux de chaînes d'info en continu que du coût de l'essence, du SMIC, de la désindustrialisation et des conditions de travail à l'hôpital. « La lutte des classes, conflit politique, social et culturel qui oppose celles et ceux qui possèdent à celles et ceux qui travaillent, est de retour », estimait ainsi le sociologue Nicolas Framont[1], tandis que le démographe Emmanuel Todd publiait *Les Luttes de classes en France au XXIe siècle* où il célébrait « nos splendides Gilets jaunes », voyant dans leur insurrection le « Mai-68 de la baisse du niveau de vie ».

Mais, au-delà de la récupération opportuniste de la gauche radicale, le mouvement des Gilets jaunes vient vérifier les analyses d'un courant intellectuel populiste qui s'est construit en France autour de figures dissidentes. Les philosophes Jean-Claude Michéa et Michel

1. Nicolas Framont, « Gilets jaunes : le retour fracassant de la lutte des classes », *Marianne*, 18 décembre 2018.

Onfray, et le géographe Christophe Guilluy en sont les figures les plus influentes.

« Je le lis avec intérêt et avec passion, chaque livre de lui est un événement », dit Michel Onfray de Michéa. Christophe Guilluy le cite longuement dans son dernier livre sur les « gens ordinaires », et est lui-même qualifié d'« Onfray de la géographie » par *Libération*, tandis que le solitaire Michéa est rapproché du fondateur de l'université de Caen. Ce trio iconoclaste affole une gauche intellectuelle déconnectée des aspirations populaires. « Réacs de gauche » ? Disciples de Christopher Lasch, le pourfendeur américain de la révolte des élites, de l'anarchiste Proudhon ou du socialiste non conformiste Orwell, ces penseurs se veulent toujours enracinés dans une tradition politique de gauche : libertaire et girondine pour Onfray, socialiste et conservatrice pour Michéa, chevènementiste et républicaine pour Guilluy. Ils se distinguent du tiers-parti intellectuel car ils mettent en avant la question économique et sociale plutôt que de se focaliser sur la question culturelle. Ils reprochent à la gauche libérale d'avoir abandonné l'anticapitalisme pour lui substituer le progressisme sociétal et l'antiracisme. Mais ils rompent avec la gauche radicale car ils prennent en compte la question de l'immigration, délibérément ignorée par celle-ci. Ils tiennent une position républicaine et préfèrent la lutte des classes aux sirènes de l'intersectionnalité. Opposés radicalement au libéralisme économique et sociétal d'Emmanuel Macron, ils se distinguent d'un Jean-Luc Mélenchon qui semble avoir cédé aux tentations du gauchisme culturel. Portraits de ces trois dissidents qui ont fait le pari d'endosser la « voix du peuple ».

Michel Onfray, le tribun de la plèbe

Quand je le rencontre en Normandie, le philosophe, lunettes rectangulaires et chemise blanche, disserte avec amertume contre un petit milieu germanopratin qu'il dit n'avoir jamais aimé. C'est un torrent au débit régulier, sans interruption ni précipitation. Sa voix est douce, à l'opposé du contenu de ses propos qui sont tranchés, parfois violents. Il débite sa pensée qui coule, fluide et bouillonnante comme un sang chaud. Sa rhétorique est précise, les phrases s'enchaînent sans jamais d'hésitation. Doté d'une force de conviction certaine, il n'ennuie pas son interlocuteur. Il émeut quand il parle de son enfance normande. On sent chez lui, derrière le cou de taureau et la violence, une blessure, une douceur, et même, de la gentillesse. Dans son appartement relativement modeste de Caen, les murs remplis de livres (principalement de la philosophie, quasiment pas de romans), qui donne sur la statue de Jeanne d'Arc place de la Résistance, Michel Onfray écrit pendant de longues heures, parfois toute la journée : lui qui a déjà publié plus d'une centaine d'ouvrages a toujours trois ou quatre projets de livres sur le feu et peut produire jusqu'à 40000 signes par jour d'une seule traite. Malgré ses outrances, ses approximations, son ton souvent manichéen, il est difficile de ne pas admirer sa force de travail. Lorsqu'on marche dans les rues de Caen avec lui, un jeune père de famille l'arrête, lui dit qu'il a changé sa vie, qu'il lit grâce à lui de la philosophie. Le succès populaire de Michel Onfray est indéniable. Il est probablement le seul intellectuel à atteindre encore les classes populaires. Il est cité sur les ronds-points par les Gilets jaunes. Dans le paysage intellectuel français, c'est un personnage incontournable. Sur les devantures des librairies, sous les projecteurs des plateaux télé, en une des magazines, impossible de lui échapper. Et cela fait dix ans que ça dure. En 2010, *L'Obs* titrait : « Et Onfray détrôna BHL ». « Avec son pavé anti-Freud de six cents pages, Michel Onfray s'impose comme le premier intellectuel médiatique de France », écrivait l'hebdomadaire qui comparait cruellement les ventes d'Onfray (280 000 exemplaires pour le *Traité d'athéologie* et 100 000 pour *Le Crépuscule d'une idole*) à celle de BHL (5 500 ventes pour *De la guerre en philosophie*). Depuis, l'ascète normand polygraphe qui clame son souverainisme et fustige le « système » est partout.

Il a sa propre chaîne de télévision, Michel Onfray TV, qui fait vivre l'entreprise de Stéphane Simon, son producteur, avec ses 15 000 abonnés à 4 euros par mois, qui payent pour avoir accès à des contenus exclusifs du philosophe, filmé dans sa bibliothèque à Caen à l'aide d'un smartphone. Onfray y répond directement aux questions de ses disciples qui l'interrogent sur tel ou tel point de l'actualité. Il écrit également des textes en ligne très virulents, notamment à l'égard du président de la République (« Il nique la France »), qui scandalisent le Tout-Paris. France Culture l'a remercié en septembre 2018, la radio publique décidant de ne plus retransmettre les cours de son université populaire de Caen.

Depuis sa retraite de province, il affiche son dégoût pour la vie intellectuelle parisienne : « La première chose que je fais quand je rentre de Paris, c'est me doucher. Ce monde me dégoûte physiquement. » Il se dit volontiers « socialiste libertaire », mais il a tout du puritain. « C'est un nietzschéen qui fait la morale », dit de lui Raphaël Enthoven, son complice d'hier (ils ont fondé ensemble l'Université populaire) devenu son ennemi intime. Onfray juge, implacable, ses contemporains. « Je suis du côté de Sainte-Beuve contre Proust, confie-t-il. Les proustiens sont des gens qui ont des choses à cacher, des turpitudes qu'ils ne veulent pas voir étaler au grand jour. Regardez la vie de Montaigne, de Nietzsche, de Camus, ce sont des vies cohérentes. Pour être philosophe, il faut être moral. Je crois à l'exemplarité des philosophes. La philosophie est pour moi une vocation qui m'oblige. »

En 2015, le philosophe défraye la chronique en affirmant dans un entretien au *Point* : « Je préfère une analyse juste d'Alain de Benoist à une analyse injuste de Minc, Attali ou BHL. » Il ajoutait : « et je préfère une analyse qui me paraisse juste de BHL à une analyse que je trouverais injuste d'Alain de Benoist... », mais la possibilité d'un accord avec le fondateur de la Nouvelle Droite suffit pour affoler la gauche médiatique. Depuis, le philosophe, qui se dit toujours « de gauche », n'a cessé d'être rejeté par son propre camp. « Avec sa nouvelle revue *Front populaire*, Michel Onfray séduit les milieux d'extrême droite », titre même *Le Monde* en mai 2020, épinglant les soutiens au projet appartenant aux milieux de la droite radicale. Ce philosophe honni par l'université incarne de façon caricaturale le nouveau clivage contemporain entre « populisme » et « mondialisme ». Philippe Sollers l'avait un jour qualifié de « tribun de la plèbe ». « En croyant m'insulter, il n'imagine pas combien il m'a fait plaisir ! » répond Onfray. « Le peuple, c'est celui qui dit non à l'Europe et à qui l'UMP et le PS, soutenus par cette même presse qui se dit de gauche, infligent tout de même l'Europe à laquelle ils avaient dit non. C'est ce peuple-là que j'aime. » Le peuple le lui rend bien. Cent trente mille exemplaires vendus pour le premier numéro de sa revue *Front populaire*, lancée en juin 2020, et cinquante mille abonnés. Michel Onfray est une machine à cash pour éditeurs et producteurs. Mais lui semble être sincèrement désintéressé : les bénéfices de sa télévision et de sa revue sont tous reversés dans le projet. Moins producteur de concepts (on cherchera en vain dans son œuvre une percée théorique inédite) que passeur de contenus, Onfray est une voix plutôt qu'un guide. Reste à savoir s'il transformera son succès intellectuel en carrière politique, devenant la figure capable d'agréger les colères.

Christophe Guilluy, le géographe des Gilets jaunes

Blouson de cuir et clope au bec, Christophe Guilluy a plus des allures de loubard que de professeur d'université. Il donne ses rendez-vous au café Dejazet, place de la République, un bar-tabac au décor des années 1980 avec œufs durs au comptoir et jambon-beurre à la carte, vestige du passé au milieu des terrasses bobos bien léchées du quartier. Les bobos, voilà l'ennemi, pour ce géographe devenu célèbre pour l'invention du syntagme « France périphérique » désignant les territoires hors des grandes métropoles et des banlieues, une France périurbaine et rurale où vivent les oubliés de la mondialisation.

Inconnu et minoritaire, il était interviewé dans le *Libération* de Serge July. « J'avais fait un papier à la veille de l'élection de Delanoë sur la gentrification à Paris. À l'époque ils trouvaient ça formidable, raconte-t-il. Comme je travaillais sur les classes populaires, la question culturelle et identitaire est arrivée très vite, et là ça a coincé[1]. » Ses contempteurs lui reprochent notamment d'avoir popularisé le concept d'« insécurité culturelle », « pour décrire le ressenti des catégories populaires confrontées à l'intensification des flux migratoires dans le contexte nouveau de l'émergence d'une société multiculturelle » (*La France périphérique*). Un terme poli pour évoquer la peur et le malaise des classes populaires directement exposées aux conséquences de l'immigration massive. Lorsque ses thèses commencent à être citées par Nicolas Sarkozy, Manuel Valls, le FN, la machine à disqualification s'enclenche. « J'ai reçu un texto d'un collègue universitaire qui me disait : "Attention, le nazi [*sic*] Finkielkraut vient de te citer" », se souvient l'auteur de *Fractures françaises*.

Aujourd'hui, alors que ses essais se vendent à des dizaines de milliers d'exemplaires, Guilluy n'a plus « la

1. Entretien avec l'auteur.

carte» auprès d'une certaine gauche. À l'occasion de la sortie de son *No Society*, *Libération* consacrait une double page au géographe sous le titre «Peut-on débattre avec Christophe Guilluy?», qualifié non sans perfidie de «géographe de formation». Le quotidien parle d'«une obsession théorique» et d'«idéologie habillée d'un vernis théorique» et publie une tribune, signée par des chercheurs membres de la revue *Métropolitiques*, dénonçant le «porte-voix d'une supposée France périphérique», qui sous des «oripeaux scientifiques [...] contribue, avec d'autres, à alimenter des visions anxiogènes de la France». Comme toujours, la disqualification académique accompagne la condamnation morale d'une «dérive». Non seulement Guilluy ferait preuve d'un manque de scientificité, mais en plus il «ferait le jeu» par son discours de l'extrême droite. «On me fait un procès en légitimité, mais j'ai une maîtrise de géographie, mention très bien. Alors oui, je n'ai pas fait de doctorat, mais c'est parce qu'il fallait que je bosse», se défend le concerné.

Il n'empêche, le diagnostic que fait Guilluy d'une France divisée en deux blocs, d'un côté une bourgeoisie connectée à la mondialisation, vivant dans les grandes métropoles et adoptant les codes et les valeurs du libéralisme, de l'autre des territoires où vit une classe moyenne déclassée, victime de la désindustrialisation et de l'insécurité culturelle, s'est vérifié dans la période récente. L'affrontement qu'il décrivait dans *Fractures françaises* (2010) et *La France périphérique* (2014) culmine lors de l'élection présidentielle de 2017 où le traditionnel clivage droite-gauche laisse place au duel entre Marine Le Pen, agrégeant les voix des perdants de la mondialisation, et Emmanuel Macron qui fait le plein dans les grandes métropoles. Cette lecture binaire de la France contemporaine se voit confortée en 2018 par le mouvement des Gilets jaunes qui vient rendre visible cette France périphérique, décrite par Guilluy mais absente des radars médiatiques. « C'est une confirmation de la confrontation entre la France périphérique et la France des métropoles », dira l'intéressé.

Dans son dernier livre *Le Temps des gens ordinaires*, où il reprend ce concept orwellien popularisé notamment par Michéa, Guilluy se veut critique envers la notion d'archipellisation mise en avant notamment par Jérôme Fourquet (voir encadré), non pas sur le constat, mais sur l'instrumentalisation qui en est faite pour nier l'existence d'un « bloc populaire » recomposé sur la base d'un consensus : le rejet de la mondialisation et de l'immigration. « La société libérale ne peut perdurer que si elle morcelle, argumente l'essayiste. D'où la réussite médiatique de concepts portant sur le morcellement de la société, son "archipellisation", sa complexité. Tout cela vise à imposer une seule idée : le peuple n'existe pas[1]. » Une analyse que partage le politologue Jérôme Sainte-Marie, auteur de l'ouvrage *Bloc contre bloc, la dynamique du macronisme*, où, appliquant une grille de lecture marxiste aux clivages politiques français, il s'oppose clairement à l'analyse de

1. Christophe Guilluy, « L'idée pour le pouvoir est de maintenir le morcellement des Français », *Marianne*, 8 octobre 2020.

son confrère Jérôme Fourquet qui fait état d'une France fragmentée. Pour Sainte-Marie, « l'exercice du pouvoir par Emmanuel Macron polarise la société française en deux grands ensembles bien plus qu'il ne produit fragmentation ou "archipélisation[1]" ». « Bloc élitaire contre bloc populaire, tel est le nouveau clivage. » Ces penseurs veulent dépasser le constat de l'archipellisation : selon eux nous assistons à une recomposition politique partie pour durer en Occident, entre un peuple qui a très bien compris ses intérêts et une élite effrayée par cette prise de conscience.

Trop binaire, trop simpliste ? Guilluy divise au sein d'une gauche radicale en plein renouvellement idéologique. Si le jeune média Le vent se lève, animé par des mélenchonistes à tendance souverainiste, salue une grille de lecture qui permettrait à la gauche de renouer avec les vaincus de la mondialisation qu'elle a abandonnés[2], la revue *Regards*, plus proche des thèses intersectionnelles et multiculturalistes, dénonce un discours « politiquement dangereux » qui attiserait le « ressentiment » des classes populaires[3]. En désignant l'immigration comme une menace, le géographe met en lumière les hésitations et les contradictions d'une gauche intellectuelle qui a perdu le « peuple » dont elle se voulait l'avant-garde.

---

1. Jérôme Sainte-Marie, « La cristallisation du bloc populaire peut aboutir à la défaite de Macron », *Le Figaro*, 8 novembre 2019.

2. « L'urgence de renouer avec la "France périphérique" : la leçon de C. Guilluy », LVSL, février 2017.

3. Roger Martelli, « La gauche dans le piège de Guilluy », *Regards*, 21 novembre 2014.

L'Archipel français, l'histoire d'un succès

S'il touchait un euro chaque fois que l'expression est prononcée sur un plateau télé ou par un homme politique, il serait millionnaire... « J'aurais dû déposer "archipel français" à l'INPI », rigole Jérôme Fourquet[1]. Dans son livre éponyme publié au Seuil, le sondeur, directeur du pôle « Opinion et stratégies d'entreprise » de l'Ifop, décrit, à grand renfort de courbes et de cartes, d'une nation éclatée, où progressent les communautarismes et la polarisation politique. Tous les hommes politiques l'ont lu. L'essai s'est vendu à 96 000 exemplaires, a reçu le prix du Livre politique, et l'expression a fait florès, au point que « l'archipel français » est devenu le syntagme définissant la France de la fin des années 2010. Malgré ce succès éclatant, Fourquet ne se départit pas de sa modestie coutumière, et répugne à employer le « je » : il lui préfère le « on » ou le « nous » collectif. Curieux, éclectique, capable aussi bien de livrer une analyse de l'impact du terrorisme dans l'opinion que de la progression des vegans dans la société française ou de la prévalence du tatouage dans la classe moyenne, Jérôme Fourquet dénote dans un paysage intellectuel français saturé de postures. L'image parlante de l'« archipel » lui est venue de son tropisme géographique, lui qui étudia sous la direction d'Yves Lacoste lors de son DEA de géopolitique et géographie électorale à Paris-VIII. Formé à l'IEP de Rennes, il ne vient pas du sérail universitaire. Dans sa démarche, il dit s'inspirer de la méthodologie de l'école des Annales, une perspective

1. Entretien avec l'auteur.

historique qui sort de la discipline pour puiser à différentes sources, ne s'interdisant aucun domaine, faisant appel aussi bien à l'histoire des mentalités qu'à l'économie, la démographie. S'il est arrivé au Seuil, prestigieuse maison d'édition de gauche, par l'entremise d'Emmanuel Todd, on devine chez lui un léger tropisme droitier dans l'absence de gants qu'il prend pour aborder les sujets les plus inflammables. Lui se défend de tout parti pris, et se décrit non pas comme un intellectuel, mais comme un observateur de la société française, qui tente d'apporter au public (il dit parfois « mes clients ») des clés de compréhension d'une société de plus en plus complexe.

Amusant : quand on demande à Pierre Rosanvallon, qui dirige une collection au Seuil, quels sont selon lui les derniers succès de cette maison de gauche, il cite *L'Archipel français*. Un essai qui vient pourtant démontrer de façon méthodique et rigoureuse tout ce que l'historien de gauche nie depuis des années à longueur de livres : la fragmentation identitaire du pays et la montée du séparatisme. Lorsque *Le Point* fait sa une sur le « livre événement » de Fourquet, le premier chiffre mis en avant sur la couverture est celui-ci : 18 % des prénoms donnés aux nouveau-nés de sexe masculin sont d'origine arabo-musulmane. Un pourcentage qui grimpe à 30 % en Seine-Saint-Denis. Des données brutes, qui viennent donner du grain à moudre à ceux qui dénoncent un « grand remplacement » par l'immigration massive. « Ce livre n'était pas sortable il y a dix ans. Sur l'immigration, le tir de barrage aurait été bien plus violent », admet le politologue, qui a pris dans son livre toutes les précautions méthodologiques pour dire de façon démontrée ce que les éditorialistes au doigt mouillé proclament sur les plateaux télé. « Si on veut être entendu, il faut être le plus rigoureux possible. »

Tel est sans doute la clé du succès de ce pavé de quatre cents pages qui mêle géographie électorale, analyse des prénoms, perspectives historiques, sondages et analyses socioculturelles. « Il est arrivé à un moment particulier, où les grilles de lecture traditionnelles se trouvaient obsolètes et impuissantes à décrire la réalité de la société française », explique Fourquet. À rebours de ceux qui lisent une division de la France en deux blocs (la « France périphérique » contre les « bobos des centres-villes », selon Christophe Guilluy), l'affrontement communautaire « face à face », le retour de la lutte des classes ou le fantasme de la « créolisation » (expression d'Édouard Glissant reprise par Jean-Luc Mélenchon décrivant l'élaboration d'une culture inédite à partir d'éléments divers), Fourquet décrit un pays éclaté en de multiples factions qui ne se parlent plus et vivent chacune de leur côté. Il souligne le rôle qu'a joué la dislocation de la matrice catholique, qui structurait la France jusqu'au milieu du XXe siècle, dans cet effritement du commun national. En une image parlante, il a su résumer le malaise profond d'une société française travaillée depuis trente ans par la désunion et formuler l'urgence intellectuelle et politique des prochaines décennies : préserver et construire des ponts reliant les îles morcelées du continent français.

Jean-Claude Michéa, disciple d'Orwell

Lorsque je lui propose une interview en pleine crise du coronavirus, Jean-Claude Michéa répond en envoyant des photos de lui en train de tailler ses arbres et d'amender sa terre au milieu des vaches. « Je n'ai plus le temps, ni l'envie d'accorder la moindre interview à qui que ce soit » : l'essayiste, qui a été longtemps professeur de philosophie à Montpellier, s'est retiré dans la campagne landaise, près de Mont-de-Marsan, où il essaie de vivre concrètement la décroissance qu'il prône dans ses livres. Si Jean-Claude Michéa partage avec Michel Onfray une critique sévère de la gauche libérale, s'ils vivent tous deux loin du microcosme parisien, il en est l'opposé du point de vue médiatique. En effet, l'auteur du *Complexe d'Orphée* refuse catégoriquement de passer à la télévision, ses interventions dans les journaux sont très rares, et il publie un livre tous les quatre ans. Une vieille photo de lui arborant un t-shirt aux couleurs de l'Union soviétique, fumant une cigarette devant un rideau de fer baissé, est l'une des rares images qu'on trouve sur Internet. Pourtant, malgré sa discrétion médiatique, son influence est certaine, il pénètre de plus en plus une jeunesse notamment conservatrice, attirée par la cohérence de son œuvre. Il fait partie des rares intellectuels à assumer positivement le « populisme », qu'il décrit comme un « combat pour la liberté et l'égalité mené au nom des vertus populaires ». Dès le début de la révolte, Michéa soutient publiquement les Gilets jaunes. Pour lui, le mouvement est « l'exact contraire de

Nuit debout[1] », le rassemblement place de la République était « une révolte de ces urbains hypermobiles et surdiplômés qui constituent, depuis Mitterrand, le principal vivier de la gauche et de l'extrême gauche libérales ». Mais les Gilets jaunes, « au contraire, ce sont bien ceux d'en bas qui se révoltent, avec déjà suffisamment de conscience révolutionnaire pour refuser d'avoir à choisir entre exploiteurs de gauche et exploiteurs de droite ».

L'intuition fondamentale de Michéa est celle d'une unité du libéralisme dans ses versions aussi bien économique que culturelle, qui sont indissociables. L'image qu'il utilise est celle du ruban de Möbius qui présente deux faces apparemment opposées mais qui en réalité n'en sont qu'une. Il est aussi illusoire de vouloir être libéral-conservateur que socialiste libertaire. « En simplifiant beaucoup, on pourrait dire que l'homme moderne dit "de droite" a tendance à défendre la Prémisse (l'économie de concurrence absolue) mais a encore beaucoup de mal à admettre la Conséquence (le Pacs, la délinquance, la Fête de la musique et Paris Plages), tandis que l'homme moderne, officiellement de gauche, a tendance à opérer les choix contraires », écrit-il dans *Impasse Adam Smith* (2002).

Mais il ne se contente pas de souligner l'unité profonde de la civilisation libérale, il est aussi un prodigieux analyste du malaise qu'elle engendre. Il dissèque son paradoxe profond : pourquoi, alors qu'elle proclame la liberté, aboutit-elle à une société où il n'y a jamais eu

1. Une lettre de Jean-Claude Michéa à propos du mouvement des Gilets jaunes, texte publié sur le blog « Les amis de Bartleby ».

autant d'interdictions ? Pour le philosophe, la judiciarisation tous azimuts est la conséquence directe de la volonté d'organiser la société autour d'une éthique minimale. « Il ne faut pas nuire à autrui », dogme unique du libéralisme libertaire, aboutit à « tout ce qui pourrait nuire à autrui est susceptible d'être interdit ». Surgit alors le politiquement correct, cette euphémisation du langage destinée à pallier l'absence de décence commune.

L'auteur de *Orwell, anarchiste Tory* emprunte au journaliste britannique la notion de *common decency*. Cette référence à la « décence commune » des gens ordinaires, sens commun plus ou moins implicite des « choses qui ne se font pas », a été beaucoup reprochée à Jean-Claude Michéa par l'extrême gauche. On l'a accusé de faire preuve d'une idéalisation nostalgique de la communauté villageoise, d'une vision irénique de classes populaires préservées de la corruption morale, voire de « primitivisme ». Pourtant, la décence commune n'est pas le sens moral inné et naturel de Rousseau, fruit d'un accord spontané, mais dépend justement de « conditions sociales ». Il se retrouve lorsque sont réunies les conditions de ce que l'anthropologue Marcel Mauss appelait le « paradigme du don », soit le triptyque « donner-recevoir-rendre ». Il faut bien comprendre que cette logique est une logique alternative à celle de la dialectique droit-marché, qui est une logique « cannibale », détruisant les conditions même d'émergence de la *common decency*. Cette notion est à rapprocher de la *phronesis* chez Aristote ou du sens de la mesure chez Albert Camus. Elle est conscience des limites et méfiance de l'*hubris*. Primauté des mœurs sur le droit.

Elle est ce qui distingue par exemple un éleveur qui a une relation avec ses animaux de l'industrie agroalimentaire (soumise au double règne de la norme tatillonne et de la rentabilité sans pitié) ou bien le club de foot bénévole du grand club mondialisé. La *common decency* suppose une relation de proximité qui permette le face-à-face et donc la fidélité, l'entraide, l'altruisme et l'honnêteté, commandés par la loi ni la peur.

Qualifié par certains libéraux d'« Hibernatus crypto-stalinien », Jean-Claude Michéa est aussi qualifié de « rouge-brun » par l'anthropologue Jean-Loup Amselle. Dans « Impasse Michéa[1] », l'anticapitaliste Lordon lui reproche « les conséquences répugnantes » de son « anti-progressisme de principe ». Il voit dans le concept de *common decency*, cette morale commune des gens ordinaires, une essentialisation du peuple et une nostalgie pour les sociétés traditionnelles incompatibles avec l'aspiration à l'égalité.

On lui dit qu'il n'est pas de gauche ? Il s'en fiche, c'est un socialiste conservateur, dans la lignée d'Orwell, Pasolini ou Christopher Lasch. Dans *Les Mystères de la gauche*, il entreprend justement de distinguer « gauche » et socialisme. La gauche se conçoit comme le parti des Lumières et du mouvement, opposé au parti de l'Ordre, tandis que le socialisme combat essentiellement le capitalisme (qui est par essence révolutionnaire). Le compromis historique qui a eu lieu pendant l'affaire Dreyfus entre socialisme ouvrier et gauche bourgeoise n'a pas

1. Frédéric Lordon, « Impasse Michéa », *Contretemps*, 30 janvier 2017.

vocation à durer. Par le fait qu'il soit goûté aussi bien dans les rangs de la gauche conservatrice que de la droite illibérale, Michéa est aussi un magnifique révélateur des sectarismes contemporains.

Prophètes ou parias

Michel Onfray et Christophe Guilluy se retrouvent dans la liste de lecture conseillée aux cadres du Rassemblement national. Marine Le Pen qualifie Michéa de philosophe « percutant », aux « démonstrations fulgurantes ». Cela suffit à faire d'eux des parias dans l'intelligentsia. Les intellectuels, en effet, ne sont plus à l'aise avec le « peuple » qui se détourne de plus en plus de leurs injonctions programmatiques. Le mouvement populiste, qui se déploie dans sa forme comme une révolte contre les précautions oratoires du politiquement correct au nom du « réel » et s'incarne dans des figures tribuniciennes, se défie de l'abstraction, dans laquelle nage avec délices l'intellectuel. On se souvient du texte sévère de Roland Barthes dans *Mythologies*, « Poujade et les intellectuels », où l'écrivain disséquait l'anti-intellectualisme du mouvement poujadiste. Comme Barthes, une grande partie de l'intelligentsia de gauche passe son temps à mettre en garde contre le danger populiste. En retour, les « populistes » entretiennent un ressentiment envers ces élites intellectuelles qui vire parfois à la détestation. La révolte des Gilets jaunes a soudé contre elle les bourgeoisies intellectuelles de gauche comme de droite, unies par la peur du populaire autour d'un Emmanuel Macron, nouveau Louis-Philippe. L'impuissance du mouvement à se théoriser lui-même et à accoucher d'une doctrine politique cohérente a révélé la nécessité d'une réconciliation entre l'élite intellectuelle et les classes populaires, faute de quoi elles noieront leur révolte dans un horizontalisme incapable de formuler des propositions concrètes ou dans des tyrans opportunistes refusant la complexité du monde.

La chouette de Minerve

Le monde des idées n'est pas indépendant des faits. Il faut admettre, avec Hegel, que la «chouette de Minerve» s'envole parfois au crépuscule, et que la pensée ne se formule que lorsque l'Histoire s'achève. La vie de la pensée s'appuie sur le réel, qu'elle précède parfois, mais auquel elle s'adapte aussi souvent. Aussi, le grand retournement idéologique n'est pas l'œuvre de forces symboliques qui capteraient l'hégémonie culturelle grâce à leur seul discours, mais est aussi le fruit d'événements : les attentats terroristes islamistes, la faillite de l'école, les crises migratoires, la défaite de l'intégration, les inégalités nouvelles engendrées par la mondialisation, les tensions générées par le multiculturalisme, les failles de l'État mises en exergue par la crise du coronavirus, ne sont pas des «idées» mais des faits objectifs. Tout comme la chute du mur de Berlin avait donné une impulsion formidable au libéralisme, ces événements historiques ont donné des forces nouvelles à la tradition conservatrice, à la dynamique populiste, et permis le retour d'une gauche radicale qu'on croyait endormie. L'affrontement classique entre une gauche intellectuelle, écrasante dans la vie des idées, et une droite dominant le champ de l'économie a laissé place à une recomposition plus éclatée, beaucoup plus complexe que le clivage entre « progressistes » et « conservateurs » ne voudrait le faire croire.

III

NOUVELLES FRACTURES INTELLECTUELLES

De la bataille de l'Histoire au retour de la race

1

La bataille des historiens : du roman national à la fable multiculturaliste

En cette chaude soirée vendéenne d'août 2016, les deux hommes s'échangent des compliments autour de coupes de champagne et de préfou à l'ail. Le jeune ministre de l'Économie Emmanuel Macron ne tarit pas d'éloges sur le Puy du Fou qu'il a visité dans la journée. Il a conduit un char romain, s'est incliné devant l'anneau de Jeanne d'Arc, déclarant à cette occasion aux journalistes venus l'interroger qu'il n'était « pas socialiste ». La présence du fringant chantre de la *start-up nation* dans le domaine de Philippe de Villiers avait de quoi étonner. En effet, le célèbre parc à thèmes, désigné meilleur du monde à plusieurs reprises, est l'incarnation même du « roman national » honni par la gauche déconstructiviste. Gaulois, poilus et mousquetaires enchaînent les cabrioles pour le plus grand bonheur des enfants, et des adultes retrouvant l'esprit d'enfance. Le spectacle de la « Cinéscénie », véritable tapisserie du roman national, n'est pas seulement l'occasion de se remémorer le massacre des vendéens, mais aussi de célébrer dans un son et lumière grandiose et avec l'aide de milliers de bénévoles transformés en figurants, le génie français depuis la chevalerie jusqu'à la Seconde Guerre mondiale. Mais le Puy du Fou n'est pas qu'un merveilleux lieu de divertissement, la *success story* d'un transfuge de la politique, c'est aussi l'enjeu d'une bataille culturelle : l'Histoire. Là où la gauche y voit une «formidable révision de l'histoire de la Révolution» et l'incarnation d'une «vision passéiste du monde» (*Le Monde diplomatique*), la droite célèbre une entreprise de transmission alliant réussite économique et célébration non pénitente de l'imaginaire national. C'est pourquoi la visite du futur président de la République, à l'époque ministre d'un gouvernement socialiste, avait tout d'une transgression politique.

Le «roman national», une querelle bien française

La vieille querelle du «roman national» ne date pas d'hier. Déjà, en 1996, la commémoration du 15e centenaire du baptênal de Clovis avait créé un psychodrame et opposé les «deux France» dans un combat de mémoire qui rappelait la fin du XIXe siècle. La venue de Jean-Paul II en France, la mise en avant de l'héritage catholique de l'Hexagone avaient ému une partie de la gauche laïque et des francs-maçons qui s'étaient opposés à la lecture téléologique d'une France dont la naissance coïnciderait avec le baptême du roi des Francs. Mais c'est dix ans plus tard, en 2007, avec le lancement d'un grand débat sur l'identité nationale, que Nicolas Sarkozy enflammera à nouveau la question des origines. En 2010, le président annonce le projet de création d'une «Maison de l'histoire de France», un musée dont l'objectif serait de donner le socle d'une culture historique commune autour des grandes dates de l'histoire nationale pour répondre au « besoin de repères » et « renforcer l'identité » des Français. Aussitôt, le projet est dénoncé comme « dangereux » par un collectif d'historiens, parmi lesquels Jacques Le Goff et Gérard Noiriel, qui dénoncent un « discours rétrograde ». Ils reprochent au musée de s'en tenir aux limites d'une « France rabougrie » au lieu d'élargir à l'échelle de l'Europe et de la mondialisation. Cette « injection rassurante de roman national[1] » est selon eux excluante. Le Comité de vigilance face aux usages publics de l'histoire, fondé et animé par plusieurs historiens de gauche (Nicolas Offenstadt, Laurence De Cock, Mathilde Larrère), s'en prend violemment au projet, finalement abandonné sous la présidence de François Hollande, qui préférera inaugurer un musée de l'Histoire de l'immigration. Tout un symbole.

Cette dénonciation du « roman national » par la gauche est curieuse. En effet, c'est elle qui inventa au XIXe siècle ce grand récit épique et rassembleur destiné à forger l'appartenance républicaine par l'imaginaire et à remplacer le grand récit de la monarchie. Pour ces historiens de la Troisième République, la France est une personne, toujours menacée par ses ennemis, et toujours victorieuse de l'adversité grâce à ses vertus nationales. Ce sont Victor Duruy et Ernest Lavisse qui en écrivirent les plus belles pages, ce dernier affichant clairement son ambition dans son célèbre manuel : « Il y a dans le passé

1. « La Maison de l'histoire de France est un projet dangereux », tribune parue dans *Le Monde* le 21 octobre 2010.

le plus lointain une poésie qu'il faut verser dans les jeunes âmes pour y fortifier le sentiment patriotique.» Mais dans un tête-à-queue rare dans la vie des idées, le roman national est progressivement passé à droite, jusqu'à en devenir le quasi-monopole, la gauche se donnant désormais comme objectif de déconstruire un récit mythifié pour le rendre plus «inclusif».

Cette tension autour du roman national se poursuit, et culmine lors de la campagne présidentielle de 2017. «Il faut réécrire les programmes d'histoire avec l'idée de les concevoir comme un récit national», déclare François Fillon le 28 août 2016, à Sablé-sur-Sarthe. Il fait de la référence au roman national un des refrains de sa campagne, marqueur qui jouera un rôle dans sa victoire triomphale à la primaire de la droite. Il n'est pas le seul candidat à emboucher ce clairon. Marine Le Pen met tout simplement «la promotion du roman national» dans son programme. Emmanuel Macron n'est pas en reste, et revendique l'expression dans une interview à *L'Histoire* : «J'ai parlé de roman ou de récit national parce que précisément je ne crois pas à la segmentation de notre histoire.» Alors que Nicolas Sarkozy lance maladroitement une polémique sur «nos ancêtres les Gaulois», Jean-Luc Mélenchon se distingue à gauche en refusant de s'en indigner : «Nous sommes les filles et les fils des Lumières et de la grande Révolution ! À partir du moment où l'on est français, on adopte le récit national», déclare-t-il, suscitant l'ire de l'extrême gauche qui l'accuse de faire le jeu d'un discours réactionnaire. Lui revendiquait de s'inscrire dans une tradition qui a longtemps prévalu à gauche.

« La question de l'histoire est, en France, politique, car l'identité française est traditionnellement conçue comme historique, contrairement à l'Allemagne, où elle repose sur la langue, ou l'Angleterre, sur la société, explique l'historien Patrice Gueniffey[1]. Pour les ennemis du roman national, l'histoire n'existe pas, elle est une construction pure, qu'il convient donc de déconstruire », souligne-t-il.

La déconstruction du roman national

Cette déconstruction du roman national s'est faite en plusieurs étapes. Elle s'est donné un double objectif ambigu : scientifiser la discipline pour lui garantir une autonomie par rapport à la politique, et la débarrasser de la mission de forger l'identité française, jugée trop excluante, afin de l'ouvrir au maximum aux cultures extérieures. Le premier objectif est celui de l'école des Annales, fondée à la fin des années 1920 par les historiens Lucien Febvre et Marc Bloch. Leur but est de dépasser l'histoire-bataille, qui s'appuie sur les grandes dates et les grands hommes, pour lui substituer une histoire au temps long qui prenne en compte l'évolution du climat, de la technique, de l'organisation sociale et l'histoire des mentalités. Mais aussi d'émanciper la discipline des objectifs idéologiques (et donc patriotiques) : « L'histoire qui sert, c'est une histoire serve », dit Lucien Febvre, qui proclame : « Nous ne sommes

1. Patrice Gueniffey, « Du roman national à la fable multiculturaliste », *Le Figaro*, 1er mai 2017.

point les missionnaires débottés d'un évangile national officiel[1].»

Après la Seconde Guerre mondiale, l'hégémonie marxiste à l'université fait triompher ce rejet de l'histoire nationale en décrétant que l'histoire est faite par les masses plutôt que les individus, tout en lui assignant une nouvelle visée : la lutte des classes comme principal moteur. Sous les Trente Glorieuses, l'histoire se scientifise encore davantage. *Exit* l'approche littéraire, narrative et psychologique, on lui préfère les certitudes de l'archéologie, et l'aridité des preuves de laboratoire. Enfin, dernière étape, celle de la «repentance». Elle débute en 1973, avec la publication de *La France de Vichy* de Robert Paxton, qui démonte le mythe gaullien d'une France résistante pour décrire un pays collaborationniste et complice de l'extermination des Juifs. Elle culmine dans les années 1980, avec l'antiracisme et le début d'une relecture uniquement négative de la colonisation. Ainsi, lorsqu'en 1984 Pierre Nora dirige *Les Lieux de mémoire*, c'est pour acter que le roman national est une idée morte, et qu'il convient désormais de vagabonder dans l'histoire de France comme dans un cimetière magnifique. La commémoration du bicentenaire de la Révolution française en 1989 signe l'apogée de cette déconstruction : lors de la parade de *La Marseillaise*, six mille artistes et figurants représentent les différentes «tribus planétaires» autour de douze tableaux vivants. Africains jouant du djembé, Anglais marchant sous la

1. Lucien Febvre, «L'histoire dans le monde en ruines», *Revue de synthèse historique*, t. 30, 1920.

pluie défilent sur les Champs-Élysées, renvoyant l'histoire hexagonale à son provincialisme pour exalter l'ouverture sur le monde.

On le voit, le mouvement est double : d'un côté, une histoire universitaire de plus en plus spécialisée, voire technique, qui abandonne le récit ; de l'autre une histoire « populaire » grand public qui abandonne elle aussi le roman national pour la fable multiculturaliste et rejette la gloire du passé pour insister sur les heures sombres.

Ce détricotage inquiète, et crée les conditions d'une offre parallèle à celle de l'université. « On n'enseigne plus l'histoire à vos enfants », proclame ainsi la une du *Figaro Magazine* dès 1979, alors qu'à l'école primaire, une réforme vient d'imposer les « activités d'éveil » plutôt que des cours disciplinaires.

Devenue soit culpabilisatrice, soit rébarbative, confite dans un scientisme lénifiant ou soumise à la morale, l'histoire « de gauche » perd son public. Dès lors, les conteurs s'engouffrent dans la brèche, proposant une histoire-récit qui renoue avec les grandes heures du roman national. André Castelot et Alain Decaux dans les années 1960, Max Gallo dans les années 1980, Stéphane Bern, Lorànt Deutsch et Franck Ferrand aujourd'hui, tous appuient leur succès populaire sur une histoire-récit s'appuyant sur les grands hommes et les grandes dates, de façon ludique, enthousiasmante et parfois naïve.

Le succès de ces « historiens du dimanche » ne se dément pas. En 2009, *Le Métronome* de Lorànt Deutsch est un best-seller. Cette apologie populaire d'une histoire de France héroïsée et chrétienne, cédant parfois à la légende, fait hurler les tenants de l'« historiquement correct». On lui reproche d'avoir donné trop de place aux saints et aux rois, ou d'avoir considéré la bataille de Poitiers comme un événement important. Certes, il y a des approximations, des erreurs, mais d'une gravité minime en comparaison de l'ardeur dénonciatrice qu'il suscite. On peut se demander d'ailleurs pourquoi les universitaires de gauche mettent une telle énergie à critiquer des œuvres (celles de Lorànt Deutsch ou le parc du Puy du Fou) qui n'ont pas de prétention scientifique.

Car l'hystérie face au retour du roman national ne faiblit pas. En 2013, un collectif d'universitaires publie *Les Historiens de garde. De Lorànt Deutsch à Patrick Buisson, la résurgence du roman national*, pour dénoncer le «repli identitaire». Au même moment, sort le rapport Tuot, pour une «société inclusive», qui invoque la nécessité de «reprendre l'écriture du roman national plutôt que d'en fêter avec nostalgie et amertume les images d'Épinal jaunies et flétries». La gauche panique. Les Lavisse, les Hugo, les Dumas, les Michelet, bref, les tenants d'une histoire narrative qui forge l'unité nationale, sont passés à droite. Comment réinventer un récit national de gauche, quand on tient le récit, en soi, comme réactionnaire? Comment composer un Puy du Fou progressiste, quand l'individualisme nie la puissance du collectif?

Le cas Zemmour agite bien évidemment les esprits. L'énorme succès du *Suicide français*, un livre fleuve qui raconte le déclin du pays depuis les années 1970, puis de *Destin français*, méditation sur mille cinq cents ans d'histoire de France, rend fous les historiens de gauche. D'autant que le journaliste les attaque, les accusant d'avoir mené « un travail de déconstruction ». Ils « ont titres et postes. Amis et soutiens. Selon la logique mafieuse, ils ont intégré les lieux de pouvoir et tiennent les manettes de l'État. Ils appliquent à la lettre le précepte de George Orwell dans *1984* : "Qui contrôle le passé contrôle l'avenir. Qui contrôle le présent contrôle le passé" », ose écrire l'éditorialiste. Face à des idéologues qui ne diraient pas leur nom, le polémiste assume de faire de l'histoire une arme politique. Dans son essai, *Le Venin dans la plume. Édouard Drumont, Éric Zemmour et la part sombre de la République*, l'historien Gérard Noiriel se fait le porte-parole d'une corporation blessée par « une atteinte inadmissible à leur dignité [*sic*] ».

Face aux succès des « réacs », en librairie et à la télévision, il faut d'urgence forger un contre-roman national. Il faut lutter, comme l'exprime Patrick Boucheron dans sa leçon inaugurale au Collège de France, contre « la déplorable régression identitaire qui poisse notre contemporanéité ». Des mots qui rappellent là encore le rapport Tuot, qui fustigeait une « France chevrotante et confite dans ses traditions imaginaires ». Ne pas faire comme Geoffroy de Lagasnerie et Édouard Louis qui refusaient de se rendre aux Rendez-vous de l'histoire de Blois, parce qu'y étaient invités trop d'« ennemis idéologiques ». Ne pas laisser « le monopole de narrations entraînantes » à la droite. Mais descendre de sa chaire universitaire pour aller affronter la « bête » dans l'arène.

L'histoire mondiale de la France : anatomie d'une controverse intellectuelle

« Il n'y a pas d'autre pays au monde où l'enseignement de l'histoire soit une question d'État », disait déjà l'historien Antoine Prost en 1984. Il n'y a qu'en France que la sortie d'un livre d'histoire peut déclencher une controverse intellectuelle. Lorsqu'en janvier 2017, Patrick Boucheron publie, avec cent vingt-deux collaborateurs, *Histoire mondiale de la France* (Seuil), la bataille de l'Histoire reprend de plus belle. Ce livre de sept cents pages, organisé en cent quarante-six dates, entend revisiter l'histoire hexagonale sous le prisme de l'étranger. La question périlleuse des origines est neutralisée dès la première date, avec, en 34 000 av. J.-C., la grotte Chauvet, où se déploient les « prémices d'une humanité métissée et migrante ». Le livre se termine par la date de 2015 avec le « retour du drapeau » après les attentats, jugé inquiétant. Dans son « ouverture » (le mot est préféré à « introduction »), Boucheron, avec son lyrisme habituel, précise le sens qu'il veut donner à ce « grand bain des récits rassemblés » : il s'agit de « mobiliser une conception pluraliste de l'histoire contre le rétrécissement identitaire », de « dépayser l'émotion de l'appartenance et accueillir l'étrange familiarité du lointain ». Patrick Boucheron a parfaitement conscience des enjeux : en réinvestissant la chronologie, jugée ringarde par des universitaires soucieux d'en finir avec l'histoire-bataille, il espère battre les conservateurs sur leur propre terrain, celui de la narration. Comme il l'explique dans *L'Humanité* : « Entre ceux qui s'abandonnent au récit entraînant du roman national et ceux qui font profession de déconstruire cette entreprise idéologique, les premiers seront les plus facilement entendus. Voilà pourquoi il est nécessaire de réinvestir la forteresse de l'histoire exemplaire.»

La gauche a enfin sa revanche, un livre d'histoire capable de tenir la dragée haute aux succès éditoriaux des «réacs». *L'Obs* salue une «fresque époustouflante, antidote à toutes les pseudo-identités nationales». «Une autre histoire de France est possible», titre *Libération*, saluant un «contre-récit entraînant», une «réponse jubilatoire aux tenants du roman national qui veulent faire de la discipline un avant-poste de l'identité».

Évidemment, le livre suscite la colère de ceux qui luttent contre le détricotage des héritages. Ainsi, Alain Finkielkraut accuse dans *Le Figaro* Boucheron de vouloir «dissoudre» la France «dans le grand bain de la mixité, de la diversité, de la mobilité et du métissage». Pour la première fois depuis qu'il a été élu académicien, l'auteur de *L'Identité malheureuse* se fend d'une diatribe sous la Coupole devant un parterre d'immortels aussi scandalisés que lui. L'historien Pierre Nora n'a pas de mots assez durs pour décrire l'entreprise de Patrick Boucheron : «du journalisme historique avec le cachet du Collège de France», «une arnaque». Il dénonce un «coup éditorial, bâclé en un an pour sortir avant la présidentielle au moment où la candidature de Fillon remettait sur la table la question du roman national[1]» ; «Il a voulu s'inspirer des *Lieux de mémoire*, mais c'est

1. Entretien avec l'auteur.

sept volumes de mille pages et dix ans de travail ! » Au-delà du livre, c'est la personnalité même de Boucheron, sacré nouvelle étoile de la gauche, qui agace. « Il veut être Braudel pour le magistère dans la discipline, Bourdieu pour le positionnement à gauche, Duby pour l'histoire médiévale, mais son vrai modèle c'est Foucault, c'est pourquoi il a rebaptisé sa chaire "histoire des pouvoirs", analyse Nora. Il est l'intellectuel dont la gauche a besoin et dont elle s'est sentie orpheline. » Une position que partage Marcel Gauchet, qui n'a pas apprécié non plus l'*Histoire mondiale de la France* : « *Via* son élection au Collège de France, Boucheron est devenu tout à coup la seule figure, c'est Foucault et Bourdieu réunis dans la même personne. La gauche a inventé l'intellectuel qu'elle n'avait plus », estime l'historien, pour qui il s'agit d'un « cas de fabrication d'une figure intellectuelle à partir d'un matériau qui ne s'y prête pas ».

Qu'en pense l'intéressé ? De petite taille, affable et souriant, Patrick Boucheron ne peut se départir, malgré ses efforts, de l'air de fausse modestie qui habite chacun de ses gestes. Depuis son large bureau à tiroirs du Collège de France, qui fut celui de l'anthropologue Marcel Mauss, il se défend d'être le héraut d'une quelconque cause. « Oui, il y a eu une cristallisation sur ma personne[1] », admet-il cependant. Cela a correspondu à la fois à un moment d'hégémonie culturelle de la droite et de désespoir de la gauche. La gauche a cru trouver son champion. « *Libération* écrit : "Boucheron écrit le

1. Entretien avec l'auteur.

contre-récit", mais pas du tout ! » se défend-il. Pourtant, il ne peut s'empêcher de se comparer à Bourdieu : « Cent soixante mille exemplaires, c'est le double de *La Misère du monde* ! [livre collectif dirigé par le sociologue en 1993 qui fut un vrai succès]. » « Il y a une ambition méthodologique, pas idéologique dans ce livre », argumente-t-il. Il récuse l'accusation d'avoir écrit un essai orienté à gauche : « Vous n'avez pas vu qu'en réalité, c'est un livre conciliant et réconciliant, avec un casting œcuménique. Le titre même du livre est une réconciliation. Les trois personnages les plus cités, ce sont de Gaulle, Louis XIV, et Napoléon ! » Étonné que les réactions négatives soient venues uniquement de la droite, il souligne avec ironie : « Il y avait d'autres chiffons rouges : par exemple, il n'y a pas de 1er mai, je m'attendais à ce que les historiens marxistes nous tombent dessus, mais il n'y a qu'un côté qui a bougé. La réaction a été hémiplégique. Et ça, c'est parce qu'effectivement la droite a gagné l'hégémonie culturelle. »

La droite a gagné l'hégémonie culturelle ? L'évolution d'Emmanuel Macron, président libéral-centriste, maître du « et en même temps », qui pendant la campagne présidentielle citait Boucheron et affirmait qu'il « n'y a pas de culture française », pourrait le laisser croire. Le président de la République semble en effet pencher depuis le début de son quinquennat du côté du roman national plutôt que de celui de l'histoire mondialisée et multiculturaliste. Célébrant l'« art d'être français », martelant son refus de déboulonner les statues, mettant en avant le patrimoine à travers la figure de Stéphane Bern, symbole de l'histoire des rois et des reines, il reprendra même dans un discours au Panthéon en septembre 2020 l'antienne de Clemenceau, suscitant de vives critiques à gauche : « Aimer nos paysages, notre histoire, notre culture. En bloc, toujours. Le sacre de Reims et la fête de la Fédération. C'est pour cela que la République ne déboulonne pas de statues. [...] On ne choisit jamais une part de France, on choisit la France. »

« Oui, je suis déçu », dit Patrick Boucheron, qui a voté pour Emmanuel Macron en 2017. « Si vous me posez la question de son rapport à l'histoire, je vous dirai fondamentalement qu'il n'en a pas », estime l'historien. « Quand il a dit il n'y a pas de culture française... moi je n'aurais pas osé dire ça ! Puis il va au Puy du Fou, à Orléans pour célébrer Jeanne d'Arc. Il y a eu Stéphane Bern, Villers-Cotterêts[1], mais nous, on n'a rien... Il n'a donné aucun gage à notre camp », soupire-t-il.

La droite doit-elle pourtant se satisfaire de ces quelques victoires ? Le fait central, dont témoigne du reste l'élection de Patrick Boucheron au Collège de France est que l'histoire « de gauche » demeure hégémonique dans le champ académique. Éric Zemmour a beau exploser l'audimat tous les soirs sur CNews dans « Face à l'info » en racontant les heures glorieuses de Louis XIV ou de Napoléon, le Puy du Fou jouer à guichets fermés, les thèses consacrées à l'histoire de France sont de moins en moins nombreuses à l'université, tandis qu'y prospère l'histoire postcoloniale. Un tournant que regrette Pierre Nora : « La déconstruction du roman national a disqualifié l'étude de la France. Si vous voulez

1. Projet de faire du château un haut lieu de la langue française.

être pris au CNRS aujourd'hui, il vaut mieux faire l'histoire de Java que celle de la Bourgogne.»

Un exemple de cette hégémonie fut donné lors de l'opération de police intellectuelle menée contre Sylvain Gouguenheim en 2008. L'historien médiéviste agrégé d'histoire, enseignant à l'ENS de Lyon, publiait aux très sérieuses éditions du Seuil un livre : *Aristote au mont Saint-Michel*, qui relativisait le rôle du monde musulman dans la transmission de l'héritage grec à l'Europe, mettant en avant un canal de traduction chrétien. Encensé à sa sortie par le philosophe Roger Pol-Droit dans *Le Monde*, le livre est attaqué par pas moins de trois pétitions d'universitaires, dont l'une signée par deux cents personnes affirmant que «l'ouvrage de Sylvain Gouguenheim contient un certain nombre de jugements de valeur à propos de l'islam; il sert actuellement d'argumentaire à des groupes xénophobes et islamophobes qui s'expriment ouvertement sur Internet». L'historien Patrick Boucheron accusa Sylvain Gouguenheim d'avoir joué du contexte pour faire vendre son livre (ce que lui, bien sûr, ne fit jamais) : «Quand vous écrivez, après le 11-Septembre, que nous ne devons rien aux Arabes, eh bien, vous dites quelque chose qui fait du bien.» Après cet épisode, Sylvain Gouguenheim fut marginalisé du milieu universitaire, où règne désormais la gauche de manière hégémonique.

À quoi sert l'histoire ?

Comme à la fin du XIXe siècle sous la Troisième République, l'histoire est ainsi plus que jamais un champ de bataille dans la vie des idées. Celle-ci n'oppose plus un roman national laïc et républicain aux nostalgiques de l'Ancien Régime, ceux qui croient au ciel et ceux qui n'y croient pas, mais ceux qui croient à la nation et ceux qui n'y croient plus. L'objet caché de cette guerre intellectuelle n'est pas la définition du régime politique, mais les conséquences culturelles de l'immigration. Car, si on débat autant de l'histoire de France, et surtout de la querelle des origines (où commence la France, à Reims, à Marseille ou à Chauvet ?), c'est parce que la présence dans notre pays de communautés d'immigration récente, qui n'ont pas intégré et parfois refusent ce grand récit commun, rend brûlant un problème qui ne l'était plus. « Au XIXe siècle, la grande bataille du roman national, c'était la Révolution, aujourd'hui, c'est l'immigration », analyse Dominique Borne, auteur de *Quelle histoire pour la France ?* (Gallimard). Dans ce livre publié en 2014, il proposait de faire débuter l'histoire de France avec l'arrivée des Grecs à Massalia au Ve siècle, pour trancher enfin entre ceux qui la font débuter avec Clovis et ceux qui la font commencer avec Vercingétorix. Et permettre aux descendants d'immigrés de se reconnaître dans une France métissée dès l'origine. Boucheron reprend cette ambition à son compte.

À quoi sert l'histoire ? Telle est au fond la question. Les tenants du roman national arguent qu'il n'existe pas d'histoire neutre et que leur discipline ne vaudrait pas « une heure de peine » (pour reprendre l'expression de Durkheim sur la sociologie qui ne vaudrait « pas une heure de peine si elle ne devait avoir qu'un intérêt spéculatif ») si elle n'avait pas pour ambition de préparer l'avenir en tissant du lien. L'histoire est pour eux un moyen de construire la nation. Les historiens de gauche se bardent parfois avec mauvaise foi des atours d'une scientificité qu'ils dénient à leurs adversaires, tout en poursuivant eux-mêmes un agenda idéologique indexé sur l'accueil inconditionné des autres cultures et la culpabilité face à notre passé.

Si autrefois les controverses entre historiens se tenaient au sein même du champ académique (par exemple, la fameuse querelle entre le libéral François Furet et le marxiste Albert Soboul sur la Révolution française), elles opposent désormais des universitaires majoritairement de gauche à des vulgarisateurs conservateurs, les premiers s'arrogeant le monopole de la vérité scientifique, les seconds celui du public populaire.

Face aux excès de la repentance, la tentation est grande pour certains de ces conservateurs de se contenter d'une vulgarisation sans exigence intellectuelle, quitte à accumuler par manque de rigueur les erreurs historiques sans souci de la vérité, à confondre le folklore identitaire et l'ambition académique, donnant ainsi des armes à leurs adversaires.

Entre ces deux excès, le roman national caricatural et la repentance déconstructrice, un récit national qui s'attache autant à la vérité historique qu'à la construction du commun est un chemin de crête exigeant, mais nécessaire.

2

Misère de la sociologie

Trois garçons dans le vent

Le 3 mai 2018 se tenait à Harvard une conférence sobrement intitulée : *Fifty Years Later : The New French Intellectuals* (« Cinquante ans après, les nouveaux intellectuels français »). Sur l'affiche, trois mâles blancs (la non-diversité est ici tolérée car ils sont progressistes) : le sociologue-journaliste Didier Eribon, chemise noire et cheveux poivre et sel, le philosophe Geoffroy de Lagasnerie, tête de jeune bourgeois de bonne famille, et la figure pâle et longiligne, surmontée d'une grande mèche platine, de l'écrivain Édouard Louis. Le « cinquante ans après » faisait référence à Mai-68, époque du triomphe des penseurs structuralistes où le Quartier latin donnait encore le ton de la vie intellectuelle mondiale. Pour la meilleure université du monde, ces trois penseurs étaient consacrés nouveaux Sartre, Althusser et Barthes du XXIe siècle.

Édouard, Geoffroy et Didier figurent souvent côte à côte. Ils forment un trio soudé, lié, selon le mot d'Eribon, par une « relationalité gay[1] ». Sur le compte Instagram de Geoffroy de Lagasnerie, ils apparaissent en mode selfie à une terrasse de café de Saint-Germain-des-Prés, dans une manifestation contre la réforme des retraites ou aux côtés de la députée de la France insoumise Danièle Obono. Didier Eribon, le plus âgé, est surtout connu pour son essai autobiographique *Retour à Reims* (2009), un best-seller sociologique relatant ses retrouvailles avec sa ville d'origine, où il décrit sa jeunesse difficile d'homosexuel dans une famille modeste (père ouvrier, mère femme de ménage) et son parcours de transfuge de classe, dans la veine d'une Annie Ernaux dans *Les Années*. Un modèle que reprendra Édouard Louis cinq ans plus tard dans *En finir avec Eddy Bellegueule*, son roman vendu à trois cent mille exemplaires racontant son enfance à Hellencourt en Picardie, et décrivant avec dureté son milieu populaire de la France du Nord désindustrialisée comme homophobe et raciste. Édouard Louis a rencontré Eribon lors d'une conférence que ce dernier donnait à Amiens. Eribon, longtemps responsable des pages Débats du *Nouvel Obs*, est aussi l'un des pionniers de la diffusion des études de genre et de la théorie queer en France. Il présente à Édouard Louis Geoffroy de Lagasnerie, un jeune étudiant qu'il a rencontré au cours qu'il donne à l'EHESS, « Sociologie des homosexualités ». Le début d'une grande amitié.

Contrairement à ses deux amis, Lagasnerie n'a rien du prolétaire. Fils d'un père ingénieur et d'une mère

1. « Édouard Louis : la vie avec ses frères d'armes et d'esprit », *M le magazine du Monde*, le 10 août 2018.

issue de l'aristocratie, il est un transfuge de classe d'une espèce plus commune : celle du bourgeois militant d'extrême gauche. Scolarité au lycée huppé du 16e arrondissement, Janson-de-Sailly, hypokhâgne, Normale sup : il est un parfait exemple de la reproduction sociale qu'il dénonce. Sur les réseaux sociaux, il enchaîne les selfies en polo Lacoste ou Ralph Lauren, aux côtés d'un cochon vivant en liberté après avoir été libéré d'un abattoir, à la Gay Pride ou aux cortèges Vérité pour Adama. Ses thèmes de prédilection sont la critique de l'État, la dénonciation des violences policières et du racisme systémique, l'obsession théorique foucaldienne pour le thème des « corps » maltraités. Il affiche fièrement son sectarisme en étendard et revendique la volonté de fracturer la société.

Édouard Louis se fait plus rare dans les médias. Moins courageux que son ami Geoffroy, il n'aime pas prendre des coups et préfère intervenir seulement dans des espaces entièrement acquis à sa cause. Le *New York Times* l'encense. Il a effectué une tournée triomphale aux États-Unis, donnant des conférences à Yale ou au MIT. La radicalité du trio plaît aux universités américaines où triomphe la pensée critique. Elles voient dans les trois hommes les successeurs des intellectuels de la *French Theory* qui a eu tant de succès outre-Atlantique. Parmi ces derniers, le trio voue un culte au duo Michel Foucault-Pierre Bourdieu. Les deux sociologues, papes de la déconstruction, sont omniprésents dans leurs œuvres. Édouard Louis a dirigé un ouvrage collectif aux PUF, *Pierre Bourdieu. L'insoumission en héritage*, dans lequel ont écrit... Didier Eribon et Geoffroy de

Lagasnerie. Ce dernier a écrit *La Dernière Leçon de Michel Foucault* tandis qu'Eribon a écrit une biographie de Foucault et qu'Édouard Louis a participé au documentaire *Foucault contre lui-même,* aux côtés de... Didier Eribon et Geoffroy de Lagasnerie ! La boucle est bouclée.

Les trois héros de la gauche radicale se distinguent du néomarxisme en ce qu'ils considèrent qu'il se focalise trop sur la question sociale et pas assez sur les questions de race et de genre. Même si on les a vus dernièrement se rapprocher de l'intellectuelle Chantal Mouffe, théoricienne du populisme de gauche, leur sujet est moins le peuple que les minorités, et ils détestent davantage la police que le capitalisme. Ainsi, Geoffroy de Lagasnerie écrivait-il sur son blog en 2013 : « Loin de se réduire à une petite doctrine idéologique de classe, le néolibéralisme contient ainsi une potentialité critique, qui s'enracine dans le fait qu'il s'est affirmé dans le cadre d'une opposition à l'État, ou, mieux, à la raison d'État[1]. » Depuis, le sociologue semble s'être davantage rangé à la critique classique du capitalisme, tout comme d'ailleurs Pierre Bourdieu avait converti en 1995 sa critique de l'État en défense inconditionnelle du service public.

Sans surestimer l'influence de ces trois penseurs, la plupart de leurs apports théoriques étant nuls et non avenus, leur importante médiatisation en dit long sur l'hégémonie totale de la sociologie critique dans le champ des sciences sociales. Ils ne sont que la pointe avancée et caricaturale d'une lame de fond indubitable.

1. « Le néolibéralisme, un outil pour penser autrement », 1er juillet 2013.

Il suffit de jeter un œil aux thèses de sociologie en cours de préparation en France pour avoir un aperçu de la tonalité idéologique d'une science supposée neutre. La surreprésentation des sujets consacrés aux migrants, aux minorités sexuelles et à la critique du « néolibéralisme » est frappante. L'approche intersectionnelle et postcoloniale est omniprésente. Quelques exemples des thèses en cours en 2020[1] : « De l'idée d'invasion migratoire dans les médias français (années 1980 à nos jours) » ; « L'islamophobie en France et dans les pays frontaliers » ; « Bifurcations de genre : épreuves et réseaux de soutien des personnes trans » ; « Minorités sexuelles et de genre face au VIH/SIDA au Cameroun : vers une autonomie des transgenres » ou encore « De la mauresque à la beurette : la fabrication d'un cliché médiatique. Une question au croisement du postcolonial et du genre ». De l'Association française de sociologie, dirigée par Muriel Darmon, qui a écrit *Classes préparatoires, la fabrique d'une élite dominante*, à l'EHESS où règne en maître une disciple de Bourdieu, Gisèle Sapiro, les bourdieusiens sont partout. Y compris dans les médias : l'INA a publié une étude portant sur la fréquence des invités des talk-shows entre 2010 et 2015. Le résultat est surprenant : si le premier invité est Patrick Bruel, le chanteur de variétés, le deuxième est Éric Fassin, professeur de sociologie à l'université Paris-VIII-Saint-Denis-Vincennes, spécialiste des questions de genre, typiquement représentatif de cette mouvance.

1. Rubrique « Thèses en préparation » sur le site thèses.fr.

La victoire de Bourdieu sur Boudon

La sociologie (et plus largement tout le champ couvert par la pensée critique) est aujourd'hui le dernier domaine où triomphe la vision sartrienne de l'intellectuel engagé, vision renouvelée par un Pierre Bourdieu qui sut convertir son capital scientifique en militantisme, servant de modèle à toute une génération de chercheurs revendiquant fièrement le brouillage des frontières entre démarche scientifique et activisme politique.

« Les bourdieusiens ont considéré que le monde académique était un monde politique et ils ont pris toutes les positions », explique le sociologue Gérald Bronner[1], qui est parti en guerre contre l'hégémonie de la sociologie critique à l'université. À Paris-VII où il enseigne, il est très minoritaire. « Il y a des sanctions. Je n'ai plus de promotions depuis des années, pas même une prime d'encadrement de recherches », affirme l'auteur de *La Démocratie des crédules*. « La sociologie bourdieusienne est devenue un dogme de la gauche radicale, renchérit Nathalie Heinich, docteur de l'EHESS. Bourdieu, qui se vivait comme un marginal, est devenu plus qu'une référence : une sorte de totem, qui tend pour certains à résumer à lui seul toute la sociologie[2]. »

L'hégémonie totale de la sociologie critique dans l'université française traduit la victoire par K.O. de Pierre Bourdieu, encensé de son vivant, sur Raymond

1. Entretien avec l'auteur.
2. Nathalie Heinich, « La sociologie bourdieusienne est devenue un dogme de la gauche radicale », Le FigaroVox, 4 août 2017.

Boudon, le sociologue libéral dont les ouvrages savants sont peu connus du grand public. La querelle qui les opposa dans les années 1970 rejoue au XXe siècle la rivalité entre les pères de la sociologie Max Weber et Émile Durkheim au XIXe. Là où Max Weber professe l'individualisme méthodologique, qui insiste sur l'autonomie et la responsabilité des acteurs sociaux et s'intéresse aux raisons de leurs actions et aux motifs de leurs interactions, Émile Durkheim met lui l'accent sur le déterminisme, et considère, selon la formule consacrée, « les faits sociaux comme des choses » indépendantes de l'individualité des acteurs. Individualisme *versus* holisme : Boudon et Bourdieu rejouent cette bataille dans les années 1970, appliquée à l'enjeu de l'école. Pour Bourdieu, l'individu est une pâte molle, écrasé par le poids des déterminismes sociaux. Dans *Les Héritiers* (1964) et *La Reproduction* (1970), il part du constat indéniable d'une corrélation entre échec scolaire et pauvreté, mais ne s'arrête pas là : pour lui, cette corrélation est le fruit d'une stratégie des dominants pour maintenir leurs privilèges de classe. En effet, les enfants des classes favorisées reçoivent un patrimoine culturel et un habitus (ensemble de dispositions inculquées dont l'individu n'a pas forcément conscience et qui structurent son rapport au monde) qui les distinguent et leur permettent de maintenir leur rang dans la société. L'école n'est pas autre chose qu'un système de reproduction des élites et la culture générale, l'outil de sélection qui permet de maintenir l'entre-soi. Il faut donc, au nom de l'égalité, effacer cet obstacle, cette barrière érigée par les riches pour conserver leurs privilèges. Comme il le résumera dans le rapport Bourdieu-Gros : « L'importance excessive accordée à la trilogie "lire, écrire, compter" [...] mettant l'accent sur les performances [...], peut, à bon droit, être considérée comme l'un des facteurs de l'échec scolaire. »

Raymond Boudon, professeur émérite à l'université de Paris-Sorbonne et membre de l'Académie des sciences morales et politiques, lui répond en 1973 dans son essai *L'Inégalité des chances*. Il récuse le déterminisme bourdieusien et met en avant la rationalité des individus dans leur prise de décision. Les inégalités sociales sont dues à une multiplicité de facteurs, dont le désir de mobilité sociale, et les choix rationnels que font les individus, guidés notamment par le calcul risques/avantages d'un investissement dans des études longues. Il montre par exemple qu'en Suisse, où ce sont les enseignants plutôt que les familles qui décident de l'orientation de l'enfant, les inégalités de parcours scolaire sont beaucoup plus faibles qu'en France. Sa sociologie des « effets pervers » montre que les individus, même en choisissant de façon libre et rationnelle, peuvent créer par l'accumulation de décisions individuelles des situations qui leur sont défavorables. Mais plus globalement, Boudon reproche à Bourdieu de s'écarter de la méthode scientifique, de faire preuve de simplisme et de souscrire à une forme d'idéologie néomarxiste. En donnant une explication simple de l'inégalité des chances, celle d'un « complot anonyme sans comploteurs », il « ravit les esprits subtils » sans identifier véritablement les causes des dysfonctionnements de la société.

Ce duel sociologique opposant deux visions diamétralement opposées de la sociologie (individualisme méthodologique contre holisme déterministe) a été gagné par Bourdieu. « Reproduction », « domination » : ses concepts sont passés dans le langage courant. Il est devenu l'auteur français le plus cité au monde après Foucault. Son analyse des inégalités scolaires comme résultat d'exigences intellectuelles bourgeoises allait inspirer le pédagogisme qui régnera en maître sur l'école à partir des années 1980, en dépit des avancées des neurosciences qui montreront la nécessité des savoirs fondamentaux.

Cette hégémonie sans partage est propice au sectarisme. L'incroyable arrogance du professeur au Collège de France se retrouve chez ses héritiers, toujours prompts à mépriser leurs adversaires à qui ils dénient toute scientificité. Car là est bien toute l'habileté des tenants de la pensée critique : tout en étant ouvertement militants (reprenant le mot d'ordre de Bourdieu « la sociologie est un sport de combat ») ils s'arrogent le monopole de la science, tout en soumettant leur discipline à un objectif idéologique, ils dénient toute légitimité à une autre vision du monde que la leur.

« Pour les intellectuels de la pensée critique, je suis un "essayiste", dit Marcel Gauchet d'un air rieur, ils croient ainsi me délégitimer. Tout ça vient de Bourdieu qui a créé le vocabulaire de cet univers académique totalement refermé sur lui-même. Bourdieu a été le personnage le plus toxique de la vie intellectuelle en France depuis 1945. Lui-même n'était qu'un militant qui mettait la science au service de ses passions. Il a donné un alibi au repli de l'université sur elle-même dans son ultraspécialisation.»

Mais pourquoi donc la vulgate bourdieuso-foucaldienne connaît-elle une telle prospérité sur les campus? «Le succès de leurs thèses est fondé précisément sur la séduction intellectuelle qu'elles exercent et l'impression qu'elles donnent à ceux qui les adoptent d'être un peu plus intelligents», écrivent Étienne Géhin et Gérald Bronner dans leur livre *Le Danger sociologique*. Dans un monde de plus en plus complexe, la sociologie de comptoir offre des clés simples à des esprits demi-habiles. Bronner compare le succès mondain de cette sociologie critique avec un art contemporain de plus en plus coupé du sens commun, enferré dans des espaces de sens autoréférencés. «Cette vision du monde simple, radicale et manichéenne, présente un avantage majeur : elle fournit un programme d'action évident, qui évite d'affronter la complexité du réel», écrit Jean-Pierre Le Goff[1].

«Les héritiers militants de Bourdieu se veulent à la fois les tenants d'une science sociologique et les représentants des dominés», ajoute-t-il. Une ambiguïté entre entreprise militante et prétention scientifique qui conduit à de nombreuses dérives qu'on retrouve dans toute la sociologie critique.

1. Jean-Pierre Le Goff, «Bourdieu : les héritiers sectaires», *Libération*, 28 janvier 2002.

Quand la pensée critique vire au canular académique

« Réactions humaines à la culture du viol et performativité queer au sein des parcs à chiens de Portland, Oregon » : tel est le titre ubuesque d'une étude publiée par la revue scientifique américaine *Gender, Place and Culture* qui l'a classée parmi ses douze meilleures publications dans le domaine féministe. Problème : l'étude était complètement fausse, inventée de bout en bout par une journaliste, Helen Pluckrose, et deux universitaires, James A. Lindsay et Peter Boghossian. Les trois compères ont monté un canular géant : ils ont réussi à faire accepter sept articles complètement bidon portant sur la race, le genre ou la sexualité par des revues extrêmement sérieuses. « L'homo-hystérie masculine et la transphobie à travers l'usage de sex-toys pénétratifs » a ainsi été qualifié de « contribution incroyablement riche et excitante » par la revue *Sexuality and Culture*. Un autre article, retoqué mais qui a reçu de chaleureux encouragements de la part d'experts du jury, contenait des extraits de *Mein Kampf* où le mot « Juifs » avait été remplacé par « Blancs ».

Les chercheurs justifient ainsi leur démarche : « Le savoir basé de moins en moins sur le fait de trouver la vérité et de plus en plus sur le fait de s'occuper de certaines "complaintes" est devenu établi, presque totalement dominant, au sein de [certains champs des sciences sociales], et les chercheurs brutalisent de plus en plus les étudiants, les administrateurs et les autres départements qui n'adhèrent pas à leur vision du monde. » Dans leur viseur, la *critical theory* (pensée critique), cette branche des sciences sociales qui se divise en *studies* (études) et a pour objet de prédilection la race, le genre et l'identité. Leur canular, rebaptisé « Sokal au carré », en rappelle un autre : celui du physicien Alan Sokal, qui était parvenu en 1996 à faire publier dans la revue d'études culturelles postmoderne *Social Text* un article intitulé « Transgresser les frontières : vers une herméneutique transformative de la gravitation quantique ». Il s'y moquait du constructivisme *(i.e.* l'idée selon laquelle les réalités sociales sont des constructions culturelles à relativiser) en écrivant cette énormité : « La réalité physique [...] est à la base une construction sociale et linguistique. » Pour justifier son geste, il affirmait qu'« une sociologie bâclée, comme toute science bâclée, est inutile et même contre-productive ». De cette expérience, il tira un livre, *Impostures intellectuelles*, publié en 1997, qui critique les abus des intellectuels postmodernes qui se réclament de la science, et qui utilisent un jargon à la limite de l'hermétisme qui finit par ne plus rien vouloir dire. Il cite notamment les travaux de Jacques Lacan, Bruno Latour, Jean Baudrillard ou Gilles Deleuze.

Depuis, rien n'a changé, et le postmodernisme n'a cessé de progresser dans les universités, devenant la caricature de lui-même, mélangeant allégrement science et militantisme sans aucune rigueur. Comme le résument Helen Pluckrose et James Lindsay[1], deux principes guident cette pensée postmoderne : dans le domaine du

---

1. Dans leur livre *Cynical Theories – How Activist Scholarship Made Everything about Race, Gender, and Identity—and Why This Harms Everybody*, Pitchstone Publishing, 2020.

savoir, un scepticisme radical quant à la possibilité d'une vérité objective et l'engagement envers le constructivisme culturel ; dans le domaine politique, l'idée selon laquelle la société est formée de systèmes de pouvoirs, et que donc tout rapport social (de la politesse à la justice en passant par l'expression artistique) est avant tout un rapport entre dominant et dominé. Ces deux principes se déclinent en quatre thèmes, omniprésents aujourd'hui dans les sciences sociales et notamment la sociologie critique : le brouillage des frontières (c'est le thème hérité de Foucault qu'on retrouve particulièrement dans la théorie du genre) ; le pouvoir du langage (thème hérité de Barthes qu'on retrouve chez les féministes), le relativisme culturel (thème hérité de Lévi-Strauss qu'on retrouve dans les *postcolonial studies*), et l'abandon de l'individu et de l'universel au profit de la communauté (LGBT, femmes, minorités) et des politiques identitaires (*identity politics*).

Cette sociologie militante s'éloigne du critère de scientificité tel que défini par l'épistémologue Karl Popper. Pour Karl Popper, ce qui distingue une théorie scientifique d'une théorie métaphysique (ou d'une idéologie), c'est sa possibilité d'être réfutée, ou falsifiée. Une théorie infalsifiable, c'est-à-dire non scientifique, est une théorie qui résiste à la démonstration du contraire, et inclut cette réfutation comme faisant partie de la théorie. Si vous êtes contre le marxisme, c'est que vous êtes un bourgeois ; si vous êtes contre la théorie du genre, c'est que vous êtes un hétérosexuel ; si vous êtes contre les *postcolonial studies*, c'est parce que vous êtes blanc. Il n'y a pas d'opinions mais des intérêts masqués en croyances : rien ne sert de débattre avec un dominant.

Hyperdéterminisme et culture de l'excuse

Chemise noire, lunettes carrées, Gérald Bronner enlève son masque autour d'un café, à quelques pas des locaux de BFMTV où il intervient régulièrement sur la chaîne i24. Contrairement à ses collègues qui vomissent les « grands médias », lui n'a pas de scrupules à y aller pour donner son avis. « Quand je dis que je suis sociologue à des gens hors du cercle de l'université, je suis obligé de me justifier », me confie-t-il[1]. En effet la sociologie n'a pas bonne presse. Elle est devenue synonyme d'une « culture de l'excuse » destinée à pardonner aux criminels dont l'origine sociale ou ethnique vient expliquer le passage à l'acte. On se souvient qu'au lendemain de l'attentat du Bataclan, Manuel Valls avait fustigé « ceux qui cherchent en permanence des excuses et des explications culturelles ou sociologiques à ce qui s'est passé ». « Expliquer, c'est déjà vouloir un peu excuser », avait lancé le Premier ministre, provoquant par cette sortie anti-intellectualiste la fureur des sociologues. « Excuser, c'est un beau programme de gauche », lui avait répondu Geoffroy de Lagasnerie. Enfonçant le clou quelques jours plus tard dans l'émission « Arrêt sur images » de Daniel Schneidermann, il déclarait, au sujet des attentats du 13-Novembre où les djihadistes avaient

1. Entretien avec l'auteur.

tiré sur des terrasses de café du 11e arrondissement : « Les cafés sont un des lieux les plus intimidants qui soient pour les jeunes des minorités ethniques. Un espace où on n'ose pas s'asseoir, où on n'est pas bien accueilli, où on n'est pas servi, où quand on est servi, c'est cher. Un des lieux les plus traumatisants. [...] Au fond, vous pouvez vous dire qu'ils ont plaqué des mots djihadistes sur une violence sociale qu'ils ont ressentie quand ils avaient seize ans.» La malveillance légendaire des serveurs de café parisiens érigée en cause du terrorisme, il fallait oser !

Ce raisonnement est assez typique de la dérive hyperdéterministe des héritiers de Bourdieu. L'individu ignore les vraies raisons de ses actions sociales. Il n'en est pas responsable puisque celles-ci sont causées par les dispositions qu'au cours de sa socialisation il a intériorisées sous forme d'habitus dont il n'a pas forcément conscience. Il est le jouet de forces sociales de système de « pouvoirs » qui le dépassent. La « violence symbolique » dont il est victime de la part des dominants justifie un ressentiment qui peut conduire au crime, seule façon pour le « dominé » de faire entendre sa voix dans une société dont il ne maîtrise pas les codes.

En plaçant l'accent sur les « structures cachées » et la « théorie de la domination », la sociologie critique finit par nier la liberté individuelle, avec pour conséquence une dévitalisation des notions de mérite et de responsabilité. Celle-ci peut se révéler performative : à force de se croire condamnés par le « système » à rester à leur place, et de tenir la société pour responsable de tous leurs échecs, les individus se découragent et s'autocensurent.

Ainsi Géhin et Bronner rappellent-ils que, parmi les enfants issus de l'immigration, ceux issus de l'Asie du Sud-Est s'en sortent mieux que les autres, car le discours éducatif porté par les familles est axé sur la réussite et l'effort. Tandis que les milieux où le ressentiment post-colonial et la culture de l'excuse prévalent mettent en place les conditions de prophéties autoréalisatrices.

Le finalisme ou biais d'intentionnalité

De plus, ces modèles hyperdéterministes attribuent d'étranges pouvoirs à des entités collectives mal définies (l'État, le « pouvoir », le « néolibéralisme », le « patriarcat », le « système »), qu'ils dotent d'une conscience et d'une volonté. Comme le résume Gérald Bronner, « la sociologie n'a pas fait sa mue nominaliste, c'est-à-dire qu'elle n'a pas éliminé les entités non nécessaires comme l'ont fait les autres sciences. Elle s'en remet encore à des entités transcendantes comme le Système, l'État. »

Cette sociologie critique tombe dans ce qu'on appelle le « biais d'intentionnalité », qui prépare le terrain à une forme de conspirationnisme. Ainsi le « tout se passe comme si », tic de langage très utilisé par Bourdieu, qui confond les faits et la fonction. Exemple : on observe que la prison n'empêche pas la délinquance, voire en produit. On en déduit donc (selon la déduction du *cui prodest*, à qui profite le crime), que la prison a été fondée pour créer la délinquance et conduire à une forme de contrôle social. Ou encore on déduit du fait qu'il y a plus de personnes d'origine étrangère en prison l'existence d'un « racisme d'État », ou bien des chiffres de la violence envers les femmes, l'existence d'un « patriarcat », une entité justifiant cette violence. Ce finalisme, qui consiste à confondre causalité et fonction sociale, prépare le terrain à une mentalité complotiste. Celui-ci est flagrant par exemple dans cette déclaration de la sociologue spécialiste de la haute bourgeoisie, Monique Pinçon-Charlot, qui liait, en pleine crise sanitaire, le réchauffement climatique (lui-même responsable de la pandémie) au capitalisme : « L'objectif conscient et déterminé de cette classe, de cette caste, de cette mafia, de ces criminels en col blanc – on ne peut pas les appeler autrement –, c'est bien d'exterminer la moitié la plus pauvre de l'humanité, avec l'arme terrible qu'est le dérèglement climatique. [...] C'est un holocauste climatique. »

La sociologue et chercheuse au CNRS Nathalie Heinich dénonce un « fondement paranoïaque[1] » de ces théories, dont les tenants sont obnubilés par le dévoilement de mécanismes cachés et des intentions malveillantes qui animeraient des entités sociales. La France, patrie du doute systématique cartésien et de l'esprit de synthèse, offre un terrain propice pour que se déploient ces idées.

1. Nathalie Heinich, « Misère de la sociologie critique », *Le Débat*, décembre 2017.

Hyperculturalisme

« La ménopause, une construction sociale » : telle est la thèse de la sociologue au CNRS Cécile Charlap dans son livre *La Fabrique de la ménopause*. Un exemple parmi d'autres qui illustre la dérive hyperculturaliste d'une partie de la sociologie critique : à force de vouloir dénaturaliser les faits sociaux, on en vient à affirmer que tout le réel est une construction sociale. La nature, voilà l'ennemie ! Ainsi la chercheuse en anthropologie culturelle Priscille Touraille, cherchant à expliquer les fondements du patriarcat, a-t-elle soutenu une thèse, sous la direction de l'anthropologue féministe Françoise Héritier, où elle tente de démontrer que, si les femmes sont plus petites que les hommes, c'est en raison d'une construction sociale remontant au paléolithique : à cette époque archaïque, les hommes auraient délibérément privé les femmes de viande pour pouvoir asseoir leur domination sur la moitié de l'espèce, réduite ainsi à une constitution plus fragile. Interviewée dans *Le Monde*, Françoise Héritier reprenait à son compte cette théorie constructiviste fumeuse : « Même cette dysmorphie [de genre, *i.e.* la différence physique entre hommes et femmes] a été construite ! J'ai une jeune collègue qui a travaillé sur ce sujet et elle montre que toute l'évolution consciente et voulue de l'humanité a travaillé à une diminution de la prestance du corps féminin par rapport au masculin. Depuis la préhistoire, les hommes se sont réservé les protéines, la viande, les graisses, tout ce qui était nécessaire pour fabriquer les os. Alors que les femmes recevaient les féculents et les bouillies qui donnaient les rondeurs. C'est cette discordance dans l'alimentation – encore observée dans la plus grande partie de l'humanité – qui a abouti, au fil des millénaires, à une diminution de la taille des femmes tandis que celle des hommes augmentait. Encore une différence qui passe pour naturelle alors qu'elle est culturellement acquise.» Ce «patriarcat du steak» (selon la formule de la journaliste Peggy Sastre), qui va à l'encontre de la théorie de l'évolution et nie l'existence de la biologie, est symptomatique de l'hyperculturalisme de la théorie du genre, qui affirme que toutes les différences entre les hommes et les femmes sont des constructions sociales sans fondement biologique. «Les lesbiennes ne sont pas des femmes», proclamait ainsi l'une de ces théoriciennes, Monique Wittig, en 1978. La prétention, légitime, à montrer que les représentations culturelles et les habitudes sociales sont des produits qui évoluent à travers le temps se transforme en posture ultrasceptique qui affirme, à l'instar de Nietzsche, qu'il n'y a pas de faits mais que des interprétations. Comme le résume Nathalie Heinich, «la méfiance envers l'essentialisme hérité de la métaphysique s'est retournée en interdit de penser toute forme de catégorie[1]».

Une autre sociologie est-elle possible?

Dans leur livre *Le Danger sociologique*, paru en octobre 2017, les sociologues Étienne Géhin et Gérald

1. *Op. cit.*

Bronner critiquent sévèrement toutes ces dérives de la sociologie critique. « Le titre est à double sens. La sociologie est une science en danger. Certains discours qui émanent de la sociologie, qui ne sont pas représentatifs des avancées scientifiques, sont devenus envahissants dans l'espace public. Mais aussi la sociologie est un danger, lorsqu'elle devient une idéologie et qu'elle produit des effets de déresponsabilisation dans la société », explique Gérald Bronner[1]. Ils appellent leur discipline à se délivrer des carcans de l'idéologie pour renouer avec son ambition première : être une science des faits sociaux, comme l'avait définie son fondateur Émile Durkheim. Contre une sociologie critique dont la séduction intellectuelle tient précisément en ce qu'elle propose une vision simplifiée du monde, ils prônent une sociologie analytique, qui s'appuie notamment sur les derniers développements des sciences cognitives. Elle doit chercher à interpréter le monde plutôt qu'à le transformer. La vérité plutôt que le Bien. Les deux sociologues ont subi un tir de barrage de la profession à la sortie de leur essai : « un livre qui recycle tous les poncifs de la doxa réactionnaire », selon Lagasnerie, un symptôme de « droitisation » de la société selon Bernard Lahire. Sans doute parce qu'ils assignent une ambition limitée à une discipline désormais plus militante que savante. « La vocation de la sociologie doit être modeste, explique Gérald Bronner. Elle ne doit pas se donner une mission politique. Par exemple, elle n'a pas pour ambition

1. Gérald Bronner, « Les sociologues doivent être des scientifiques, pas des militants », *Le Figaro*, 6 octobre 2017.

de réduire les inégalités, mais de démontrer qu'il existe des inégalités. »

Si la sociologie avait eu pour ambition après-guerre, entre 1945 et 1965, de se constituer en discipline scientifique, avec des méthodes et des cursus standardisés, cette prétention a volé en éclats avec la poussée relativiste de la fin des années 1960. Les sciences sociales se mirent à récuser la « neutralité axiologique » définie par Max Weber pour embrasser l'idée, issue des philosophes du soupçon (Nietzsche, Freud, Marx) repris par ceux de la *French Theory* (Deleuze, Foucault, Barthes), que toute connaissance est un dévoilement. Dès lors, il ne s'agit plus pour les sociologues de permettre au corps social de faire sa propre introspection, mais de traquer derrière chaque comportement un rapport de pouvoir, dans chaque action de l'individu l'ombre portée d'une métastructure contre laquelle il faut porter ses coups. Le savoir est politisé dans le but de transformer la société, et le monde est décrypté selon une seule et unique grille de lecture : les inégalités sociales, qu'il convient de combattre. Cette sociologie critique est à la fois relativiste (puisqu'elle pense que le réel n'est qu'une construction sociale, qu'il n'y a pas d'objectivité mais seulement des points de vue) et dogmatique (puisqu'elle récuse toute légitimité à ses adversaires) ; elle professe un ultrascepticisme qui peut parfois se changer en paranoïa, voire en conspirationnisme, lorsqu'elle attribue tous les méfaits du corps social à un seul acteur surplombant (l'État, le capitalisme, le patriarcat).

Pourtant, il serait dangereux de balayer d'un revers de main l'utilité des sociologues : dans sa dimension pratique et empirique (construction d'une enquête, récolte et analyse de données, comparaison avec d'autres sociétés), la sociologie est une discipline précieuse qui permet effectivement l'amélioration de la société. Il ne faudrait pas non plus cantonner la sociologie aux sciences dures, en surestimant l'apport des sciences cognitives qui ont tendance à remplacer le déterminisme du social par celui du patrimoine génétique. La sociologie a aussi une ambition littéraire, comme l'a parfaitement montré Raymond Aron en faisant de Tocqueville l'un des pères fondateurs de la discipline. Ne pas confondre l'ambition de décrire ce qui est, avec l'injonction à prédire ce qui devrait être, tout en préservant la spécificité d'une discipline à cheval entre la science et les humanités, tel est tout le chemin difficile qu'une sociologie qui se voudrait utile peut encore emprunter.

3

La radicalisation du féminisme : vers la guerre des sexes

« Dis à ton père, ton pote, ton frère que la fête est finie, les féministes sont de sortie », « Tous les hommes sont des violeurs » (tagué place de la Bastille), « Les hommes morts ne violent plus les femmes », « Morts aux mecs », « Tous les mecs sont des connards, même le tien », « Délivrez-nous du mal, devenez lesbiennes ! » : tels étaient les slogans qu'on pouvait lire ou entendre en marge de la marche féministe du 7 mars 2020 à Paris. Dans la nuée des gaz lacrymogènes, juste avant le début du premier confinement, des policiers chargeaient les militantes dans un invraisemblable chaos. Quelques jours plus tôt, l'écrivain Virginie Despentes signait dans *Libération* une tribune au lance-flammes pour répondre à la cérémonie des César qui avait consacré le cinéaste Roman Polanski, accusé de viol. « Désormais, on se lève et on se casse ! » écrivait-elle, reprenant comme mot d'ordre le geste d'exaspération de l'actrice Adèle Haenel, partie furieuse de la cérémonie en criant : « La honte ! » « Le temps est venu pour les plus riches de faire passer ce beau message : le respect qu'on leur doit s'étendra désormais jusqu'à leurs bites tachées du sang et de la merde des enfants qu'ils violent », dénonçait avec une extraordinaire violence la romancière, ajoutant : « Que ça soit à l'Assemblée nationale ou dans la culture. Vous exigez le respect entier et constant. Ça vaut pour le viol, ça vaut pour les exactions de votre police, ça vaut pour les César, ça vaut pour votre réforme des retraites. C'est votre politique : exiger le silence des victimes. Votre jouissance morbide, avant tout. » Le 49-3 que venait d'utiliser le gouvernement pour faire passer la réforme des retraites, les violences policières à l'égard des Gilets jaunes et *J'accuse* de Roman Polanski récompensé aux César : tout cela était mis dans la même corbeille des crimes commis par un seul et même coupable, le mâle blanc occidental. Ce texte, qui affichait délibérément un ton cru et trivial, est caractéristique du néoféminisme radical, qui dresse un continuum entre toutes les violences (sexuelles, verbales, physiques, symboliques et politiques) et prône l'intersectionnalité des luttes.

Ce féminisme misandre, au ton vindicatif, est de plus en plus répandu. Sur Twitter fleurit le mot-dièse « MenAreTrash » (les hommes sont des ordures) et lorsque certains hommes bien intentionnés répondent par « NotAllMen » (pas tous les hommes), ils sont accusés de nier le caractère « systémique » du problème, tout comme ceux qui prônent « All Lives Matter » sont accusés par les militants de Black Lives Matter de nier la spécificité de la souffrance des Noirs. Dans son essai *Le Génie lesbien,* paru à l'automne 2020, la militante EELV Alice Coffin qualifie les hommes en général d'« assaillants », se félicite de ne plus lire leurs livres ni d'écouter leurs œuvres et appelle « à défaut de prendre les armes, [à] organiser un blocus féministe» ; tandis que la blogueuse Pauline Harmange publie un essai au titre provocateur : *Moi les hommes, je les déteste*.

Ce féminisme qui assume le recours à la guerre des sexes tranche avec la tradition d'un féminisme français généralement accusé de tiédeur, notamment par le féminisme américain.

Le féminisme français, trop tiède, trop lent, trop mou ?

En 1995, dans son célèbre essai *Les Mots des femmes*, l'historienne Mona Ozouf décrivait ainsi cette singularité du féminisme français : «On imagine mal, en France, qu'une universitaire réputée puisse écrire que les hommes sont engagés dans "une guerre mondiale contre les femmes" [...]. Ainsi va, outre-Atlantique, le discours féministe ordinaire. Que ce discours soit irrecevable en France, qu'on peine à croire que la violence est embusquée derrière toute relation entre hommes et femmes, que la simple insistance verbale ne suffise pas à définir le viol, voilà qui donne à penser.»

Cette guerre des féminismes surgit au grand jour en mai 2011, lorsque éclate l'affaire DSK, accusé d'avoir violé une femme de ménage au Sofitel de New York. Alors que la condamnation horrifiée est unanime outre-Atlantique, quelques voix s'élèvent en France pour mettre en garde contre un puritanisme américain qui viendrait remettre en cause la culture française, jugée machiste sous des dehors galants. Alors que les femmes françaises sont accusées par les intellectuelles américaines d'être trop tolérantes aux écarts masculins, la sociologue Irène Théry (aujourd'hui ardente supportrice de #MeToo) défend alors le féminisme français « fait d'une certaine façon de vivre et pas seulement de penser, qui refuse les impasses du politiquement correct, veut les droits égaux des sexes et les plaisirs asymétriques de la séduction, le respect absolu du consentement et la surprise délicieuse des baisers volés[1] ».

Le 6 juin 2011, l'historienne américaine Joan Scott, proche des thèses de la théoricienne du genre Judith Butler, lui répond dans *Libération*, et fait le procès de ce « féminisme à la française », un « républicanisme aristocratique » qui ferait selon elle le lit du machisme. Elle dénonce la défense de la séduction et de la galanterie véhiculée par certains intellectuels français. Dans son viseur, les œuvres des historiens Mona Ozouf et Philippe Raynaud, et de la romancière Claude Habib (auteur de *Galanterie française*). « Il n'est pas étonnant que le cas de Dominique Strauss-Kahn ait autant troublé les partisans d'une idéologie dans laquelle la séduction tient une place aussi déterminante », écrit-elle. En somme, l'éléphant socialiste ne serait qu'un lointain héritier du Valmont des *Liaisons dangereuses*, et la « séduction à la française », une culture du viol d'autant plus sournoise qu'elle est déguisée.

Cette accusation de tiédeur ou de lenteur du féminisme français par rapport à la radicalité du féminisme dans les pays anglo-saxons a ressurgi au moment du mouvement #MeToo. « Enquête sur un retard français »,

1. Irène Théry, « Un féminisme à la française », *Le Monde*, 29 mai 2011.

titrait Mediapart, s'attristant qu'en janvier 2018, alors que le monde entier s'extasiait sur la cérémonie américaine des Golden Globes, moment théâtral de repentance collective du cinéma hollywoodien après l'affaire Weinstein, une centaine de femmes françaises, dont l'actrice légendaire Catherine Deneuve, signent dans *Le Monde* une tribune polémique dénonçant les dérives du mouvement #MeToo, coup de tonnerre qui allait troubler l'unanimisme mondial.

« J'étouffais, j'en étais physiquement malade », se souvient Peggy Sastre. La « déferlante puritaine » qui secoue la France depuis l'affaire Weinstein avait mis hors d'elle cette journaliste scientifique. C'est pourquoi, avec ses amies, l'écrivain (elle tient au masculin) franco-iranienne Abnousse Shalmani et la romancière Sarah Chiche, elles s'étaient lancées en janvier 2018 dans la rédaction de cette tribune. Dans ce texte publié dans *Le Monde* sous le titre polémique : « Nous défendons une liberté d'importuner, indispensable à la liberté sexuelle », les cent femmes dénonçaient le « puritanisme » se cachant derrière la « vague purificatoire » accompagnant le mouvement #MeToo et alertaient sur les dangers d'une « justice expéditive ». Portée par la signature de Catherine Deneuve, la tribune provoqua un tollé mondial et signa l'acte II du mouvement #MeToo. Peggy Sastre ne s'attendait pas à un tel impact. Extrêmement timide, les yeux brun vif pétillants d'intelligence, et dotée d'un humour noir, la journaliste, qui vit à la campagne, loin de Paris, est devenue la figure de proue des critiques des excès du néoféminisme. La jeune femme n'a rien d'une conservatrice : ses maîtres à penser sont Nietzsche et Darwin. Tenante d'un féminisme évolutionniste (qu'elle baptise elle-même « évoféminisme ») fondé sur la théorie de l'évolution qui prend en compte la biologie, Sastre défend la différence des sexes et la liberté sexuelle. Exaspérée par les discours hyperculturalistes issus des études de genre, qui prétendent que les sexes sont une pure construction sociale, elle argumente en faveur de celle-ci, non au nom de la morale, mais au nom de la science.

Si certaines voix très isolées tentent de se faire entendre aux États-Unis, c'est singulièrement dans notre pays que cette autre parole existe. Il n'y a qu'en France que les intellectuels alertent sur une révolution néoféministe qui balaye la présomption d'innocence, le souci du contradictoire, la mécanique de l'État de droit comme autant des manifestations du *victim-blaming* (dénigrement de la victime), autant de freins à une parole féminine qui doit être crue a priori. Ainsi dans *Le Monde* du 8 mars 2020, plus d'une centaine d'avocates pénalistes, qui se disent féministes, s'érigent contre la « présomption de culpabilité » et mettent en garde contre « le triomphe du tribunal de l'opinion publique ». « Il est urgent de cesser de considérer la prescription et le respect de la présomption d'innocence comme des instruments d'impunité : en réalité, ils constituent les seuls remparts efficaces contre un arbitraire dont chacun peut, en ces temps délétères, être à tout moment la victime. Il est faux d'affirmer que l'ordre judiciaire ferait montre aujourd'hui de violence systémique à l'endroit des femmes, ou qu'il ne prendrait pas suffisamment en considération leur parole », écrivent-elles.

Une radicalisation venue d'Amérique

La désintermédiation, l'appel direct à l'émotion, la volonté d'enjamber des institutions trop molles qui sont au cœur du « metooisme » ne sont pas sans rappeler la dialectique même du populisme. À l'automne 2017, on pouvait lire l'explosion du phénomène #MeToo comme un retour de bâton de l'élection du populiste Donald Trump, qui avait occasionné, un an plus tôt, un véritable traumatisme parmi les militantes féministes américaines : l'incarnation de la figure de l'*angry white man* (l'homme blanc en colère) avait battu celle qui devait être la première femme présidente des États-Unis, Hillary Clinton, qui avait fait de son sexe un argument de campagne.

Dès les premiers jours, l'opposition au nouveau président allait se structurer autour des réseaux féministes : le 21 janvier 2017, lendemain de l'investiture de Trump, la « marche des femmes » réunissait des centaines de milliers de personnes dans les grandes villes américaines, reprenant d'une seule voix le slogan du séparatisme lesbien des années 1970 : « *The future is female* » (Le futur est féminin). Tout comme Trump avait été, selon les mots d'Alain Finkielkraut, la « Némésis du politiquement correct », #MeToo sonnait la revanche de l'élection d'un président honni par le camp féministe.

Au-delà de l'antitrumpisme, le metooisme a des racines plus profondes. Il s'ancre dans une radicalisation du camp progressiste américain autour des questions de genre et de race. Car la question du harcèlement sexuel est devenue centrale aux États-Unis depuis 1972 et l'introduction du Title IX, un amendement ajouté aux Civil

Rights Act de 1964, interdisant la discrimination sur base sexuelle sur les campus américains. Dans chaque université, des bureaux dédiés à la lutte contre le harcèlement mènent un combat opaque, où l'inversion de la charge de la preuve est la règle, où étudiants et professeurs peuvent se faire renvoyer pour un regard insistant ou une parole malheureuse. La lutte contre le harcèlement ne se cantonne pas aux affaires sexuelles, mais s'étend à tout propos tenu en classe qui pourrait heurter la sensibilité des étudiants.

Ce néoféminisme est en train de se faire une large place dans le débat intellectuel français. Il repose sur plusieurs prémices qui le distinguent du féminisme libéral et universaliste. « Le privé est politique », slogan des mouvements féministes américains des années 1960, est son mantra : rompant avec la distinction classique du libéralisme entre vie privée et vie publique, les néoféminismes entreprennent de chasser les signes de la domination masculine à l'intérieur même du foyer domestique, jusque dans la langue (écriture inclusive) et dans l'éducation des enfants. Pour les néoféministes, le patriarcat est un système dont les hommes sont solidaires sans en avoir conscience. Inspirées par les *critical studies*, elles sont hyperculturalistes et pensent que la différence des sexes est une pure construction sociale au service des dominants. Cependant, elles tranchent avec leurs consœurs libérales par la revendication communautaire d'une solidarité spécifiquement féminine (la « sororité ») et souscrivent volontiers au paradigme de l'intersectionnalité, qui postule l'alliance entre les dominés (femmes, LGBT, minorités raciales). C'est pourquoi, alors que la vieille génération militante était hostile au voile (pensons par exemple à l'avocate Gisèle Halimi qui claqua la porte de SOS Racisme en 1989 à la suite de l'affaire du voile de Creil), les nouvelles militantes défendent le foulard comme une liberté des femmes et sont plus promptes à voir le dominant dans le mâle blanc que dans les nouveaux damnés de la Terre que sont les musulmans. Elles pensent qu'il existe un continuum : du regard insistant au viol physique en passant par la réflexion sexiste ou les représentations stéréotypées, toutes ces violences ne sont que les facettes d'un seul et même système, le patriarcat qui instaure une « culture du viol » à tous les échelons de la société.

Il est intéressant de noter que les grandes théoriciennes du féminisme radical sont américaines, qu'il s'agisse d'Andrea Dworkin, de Gloria Steinhem, Kimberlé Williams Crenshaw (inventrice du concept d'« intersectionnalité ») ou Judith Butler (promotrice de la théorie du genre). Lorsqu'elles sont françaises, elles ont souvent étudié ou vivent en Amérique, comme Monique Wittig, théoricienne du séparatisme lesbien qui s'est exilée outre-Atlantique dans les années 1970 et dont le livre le plus célèbre, *La Pensée straight* n'a été traduit en France que dix ans après sa publication américaine, ou Christine Delphy, féministe intersectionnelle proche des Indigènes de la République qui a enseigné à Berkeley. En France, si la jeune génération militante cite volontiers ces penseuses radicales américaines, il y a peu de figures intellectuelles féministes radicales depuis Simone de Beauvoir. Les grandes intellectuelles féministes françaises affichent régulièrement leurs distances avec le féminisme radical : la philosophe Sylviane Agacinski critique ainsi la théorie du genre et le mouvement queer qui nient l'existence de la différence des sexes, tandis qu'Élisabeth Badinter dans son livre *Fausse Route* fustige la victimisation, devenue selon elle le paradigme du néoféminisme. Dans une tribune au *JDD* parue début septembre 2020, la philosophe universaliste dénonce le « néoféminisme guerrier[1] » des nouvelles militantes, « armées d'une pensée binaire qui ignore le doute et se soucie peu de la recherche de la vérité, complexe et souvent difficile à cerner ». « Les plus radicales qui se proclament activistes ont tourné le dos au féminisme d'avant #MeToo, poursuit-elle. Elles ont déclaré la guerre des sexes, et pour gagner, tous les moyens sont bons, jusqu'à la destruction morale de l'adversaire. »

Comme pour le nouvel antiracisme identitaire, le néoféminisme ne se contente pas de lutter contre les discriminations mais ambitionne d'exercer un droit d'inventaire d'une culture occidentale perçue comme intrinsèquement violente à l'égard des femmes et des minorités. Après le #MeToo digital de la libération de la parole s'est organisé un #MeToo de la culture. Un jour, c'est une universitaire qui propose de « mettre au jour la violence enfouie dans les pages de la littérature mondiale ». Un autre, c'est Carmen dont la fin est réécrite à l'opéra de Florence, parce que, *dixit* le directeur du théâtre, « à notre époque, marquée par le fléau des violences faites aux femmes, il est inconcevable qu'on

1. « La charge d'Élisabeth Badinter contre le “néoféminisme guerrier” », *JDD*, 5 septembre 2020.

applaudisse le meurtre de l'une d'elles». La purge s'attaque aussi aux œuvres les plus populaires : les scènes de baisers volés dans les films de James Bond, les blagues sexistes de tel humoriste, le conte de *La Belle au bois dormant* comme allégorie du non-consentement. Elle touche les morts comme les vivants, à l'instar du cinéaste Woody Allen.

Si le féminisme radical est loin d'être majoritaire dans l'opinion et chez les intellectuels, il progresse dans la jeunesse et les milieux militants. En France, les associations féministes modérées, posant un œil pragmatique sur la condition féminine sans adhérer forcément à l'idéologie du genre, se font de plus en plus rares. Osez le féminisme, La Barbe, Les Chiennes de garde, Les Effrontées, #NousToutes, Paye ta shnek ou encore l'association Garces de Sciences-Po Paris, toutes souscrivent à la dénonciation d'un patriarcat institutionnalisé, à l'existence d'un continuum des violences et à l'intersectionnalité des luttes. Pendant ce temps-là, l'association Ni putes ni soumises qui œuvrait contre la violence faite aux femmes dans les banlieues et portait une parole laïque et universaliste s'est éteinte en 2019 dans l'indifférence générale.

Le succès des sorcières

Depuis l'élection de Trump en 2016, des groupes de femmes qui s'autobaptisent «sorcières» se retrouvent périodiquement pour «jeter un sort» au président des États-Unis, postant des photos sur les réseaux sociaux sous le hashtag #MagicResistance. À Paris, le Witch Bloc, composé de jeunes femmes habillées de noir et portant des chapeaux pointus, manifeste contre la réforme du travail aux cris de « Macron au chaudron ». On aurait tort de croire ce genre d'initiatives le fait d'hurluberlues isolées. Chez les féministes radicales, la « sorcière » a le vent en poupe, et est même devenue un emblème, selon la logique classique de la rhétorique progressiste de « retournement du stigmate » qui consiste à se réapproprier une injure. *Toutes des sorcières : soixante rituels sacrés pour se reconnecter à la puissance féminine*, *Witch Please. Grimoire de sorcellerie moderne*, les ouvrages se multiplient en librairie, qui proposent des « astuces » pour s'initier à la sorcellerie, une initiation à la lithothérapie, à l'astrologie, ou encore au tirage de cartes. La très sérieuse essayiste et journaliste au *Monde diplomatique* Mona Chollet a publié *Sorcières. La puissance invaincue des femmes*, un essai dans lequel elle explique comment la chasse aux sorcières à l'orée des temps modernes a structuré en profondeur notre mentalité et notre culture d'Occidentaux, et invite à développer une contre-culture s'opposant au patriarcat à partir de la figure rebelle et féminine de la sorcière. « Dès lors, pour une femme, pratiquer le culte de la déesse, se nourrir de ses images, c'est chasser une représentation par une autre. C'est se recentrer, s'autoriser à être soi-même la source de son salut, puiser ses ressources en soi, au lieu de s'en remettre toujours à des figures masculines légitimes et providentielles », écrit la penseuse d'extrême gauche.

Cette fascination pour les sorcières s'appuie sur une contestation à gauche de la philosophie des Lumières, sur fond d'antirationalisme. Dans le sillage de Foucault et de ses travaux de déconstruction du pouvoir scientifique, la rationalité est perçue comme un critère de domination occidentale. Or, quelle est l'antithèse du philosophe des Lumières, mâle blanc cisgenre? La sorcière, figure mythique, occulte et féminine, proche de la nature, rebelle et antiuniversaliste. Le succès de cette contre-culture n'est pas à sous-estimer : Mona Chollet a vendu cent quatre-vingt-neuf mille exemplaires de son livre, un carton inédit pour un ouvrage de pensée critique. À comparer aux seize mille cinq cents exemplaires vendus de *Génération offensée*, de Caroline Fourest, qui critique les excès du féminisme radical et plaide pour la raison et ce qu'elle appelle l'« universalisme ».

Voile, GPA, violences sexuelles : la triple fracture des féminismes ?

Sur le fond, une triple fracture secoue le féminisme français autour de trois sujets : le voile, la GPA et les violences sexuelles.

La querelle sur le voile n'existe pas aux États-Unis, où la plupart des intellectuelles féministes communient dans la défense de la femme musulmane opprimée par l'Occident. Le *New York Times* fustige régulièrement dans des éditoriaux l'arriération de la patrie des droits de l'homme qui ose s'en prendre à la liberté des femmes de se voiler. Mais, en France, le combat fait rage : il oppose les tenantes du vieil universalisme républicain, qui y voient un asservissement de la femme, aux militantes de l'intersectionnalité qui défendent un choix qu'elles estiment libre. C'est le combat que se livrent l'essayiste Caroline Fourest, militante LGBT laïque, et la militante Rokhaya Diallo, proche des thèses indigénistes et décoloniales.

Les questions bioéthiques autour de la reproduction (PMA, GPA) divisent celles qui apposent un regard critique sur les technologies de la reproduction et voient dans la gestation pour autrui un « esclavage » et celles qui au contraire continuent de penser la technique au service de l'émancipation féminine. Sylviane Agacinski, qui prône une vision différentialiste de la dualité des sexes, s'est illustrée dans sa condamnation véhémente et argumentée de la maternité de substitution tandis qu'Élisabeth Badinter, connue pour son livre *L'Amour en plus* où elle nie l'existence de l'instinct maternel, défend la « GPA éthique ».

Enfin, la manière d'aborder les violences sexuelles sépare celles qui pensent qu'il existe une « culture du viol » dans notre société, dressant un continuum entre les violences symboliques et sexuelles, à celles qui tiennent aux formes et aux distinctions de l'État de droit et refusent de souscrire à l'essentialisation d'une violence « systémique ». C'est le clivage qui oppose Caroline de Haas, fondatrice du collectif #NousToutes et militante infatigable contre les violences sexuelles, à Peggy Sastre, féministe libérale et libertaire.

Mais peut-être que la vraie division idéologique du féminisme contemporain n'est pas tant sur le fond que sur la forme, entre un féminisme universaliste au discours rationaliste, attaché à l'État de droit, et un nouveau militantisme victimaire qui cultive l'indignation et la véhémence du message au détriment des formes. « Ce qui me frappe dans cette affaire, c'est le mépris du droit et des formes légales. Et la trivialité a quelque chose à voir avec ce mépris. Car les formes légales exigent la lenteur, la circonspection, le choix attentif des mots », confie Mona Ozouf[1]. Menue et élégante, souriante et distinguée, l'historienne parle d'un timbre mélodieux, s'exprimant dans un français pur et classique qu'on n'a plus l'habitude d'entendre. Tenante d'un féminisme traditionnel et universaliste, qui affirme la raison égale des femmes et leur émancipation économique et intellectuelle, mais réprouve l'écriture inclusive et le ressentiment victimaire, elle s'inquiète des simplifications à l'œuvre dans le féminisme contemporain. « Rien donc de plus efficace que la brutalité, le recours à une expression ordurière pour signifier l'adieu aux formes et le triomphe de l'opinion indignée. Ce n'est pas nouveau, il y en a mille exemples dans les procès de la Révolution française. Et, bien sûr, c'est inquiétant. Car l'opinion, tout habitée qu'elle soit par le désir de punir, est sincère. Or, quand les formes sont attaquées par des tyrans dûment étiquetés, les formes n'en sont que plus aimables. En revanche, quand elles sont attaquées par de vertueux "indignés", c'est tout l'échafaudage moral qui bascule », estime l'historienne.

1. Entretien avec l'auteur.

Adieux à la tempérance

Si la France a semblé résister un temps aux sirènes du féminisme radical, ce n'est pas seulement en raison de l'existence d'une « séduction à la française » qui serait plus tolérante des abus, mais aussi par goût pour la liberté de création et rejet d'une politique identitaire qui assigne femmes et hommes à la dialectique appauvrie dominant/dominé. Mais le combat est inégal, car le clivage est générationnel. L'heure n'est plus à la tempérance. #MeToo a sonné l'hallali et, désormais, le féminisme radical s'est mondialisé. Les voix les plus modérées sont de plus en plus rares, étouffées par la clameur d'une jeunesse militante imbibée de thèses radicales. En retour, il provoque l'émergence d'un masculinisme outrancier, qui répond à la misandrie par une haine des femmes qui va jusqu'au crime. À la caricature répond la caricature, dans une surenchère infernale qui semble être désormais l'arrière-fond de la vie intellectuelle.

4

L'entrisme de la race à l'université : la nouvelle trahison des clercs

Juin 2020. Une semaine plus tôt, à 6000 kilomètres de Paris, un homme noir du nom de George Floyd a été étouffé par un policier blanc. L'image de ce meurtre filmé fait immédiatement le tour du monde et 20000 jeunes, issus des banlieues comme des beaux quartiers, manifestent devant le tribunal de grande instance de Paris, bravant l'interdiction de se rassembler pour cause d'épidémie. Blacks Lives Matters, « Sans justice pas de paix », « Let Us Breathe » : les slogans sont copiés des manifs américaines, mais c'est la jeune Assa Traoré, sœur d'Adama Traoré, un jeune homme mort pendant son arrestation par la police française, qui mène la danse. Dans la foulée de l'indignation planétaire, la frénésie mimétique de la jeunesse est à son comble. Tandis que dans la rue, la « génération Adama » manifeste pour dénoncer un « racisme d'État », sur les réseaux sociaux on réclame le déboulonnage de Colbert et l'épuration de la mémoire française de ses figures colonisatrices. Au milieu de ce brouhaha émotionnel, le président de la République prend une position ferme et inédite. « Le monde universitaire a été coupable. Il a encouragé l'ethnicisation de la question sociale en pensant que c'était un bon filon. Or, le débouché ne peut être que sécessionniste. Cela revient à casser la République en deux», déclare Emmanuel Macron lors d'une allocution télévisée.

Il ajoute : «La République n'effacera aucune trace [...] elle ne déboulonnera pas de statues.» Cette position tranchée ulcéra une partie de la gauche universitaire. Elle prenait pourtant acte d'un phénomène réel, et même l'une des mutations intellectuelles les plus profondes et les plus durables du monde occidental : le «crépuscule de l'universel» et le retour de l'identité par la gauche de l'échiquier intellectuel. Retournement historique qui n'a pas fini de déployer ses conséquences.

Il est loin en effet, le temps où le secrétaire général du PCF Maurice Thorez pouvait proclamer à la Sorbonne, lors d'un hommage rendu à René Descartes : «À travers les tempêtes et les nuits qui se sont abattues sur les hommes, c'est Descartes qui, de son pas allègre, nous conduit vers les lendemains qui chantent.» Aujourd'hui à gauche, on préfère les «damnés de la Terre» au *Discours de la méthode*. Désormais, la raison, l'héritage des Lumières et l'universel ont mauvaise presse à l'université française, considérés comme le masque hypocrite d'une domination occidentale. La «race», mot rendu tabou par les horreurs du XXe siècle, est désormais un concept reconnu des sciences sociales. Au moment même où l'on ambitionne de supprimer le mot de la Constitution (projet lancé sous le quinquennat de François Hollande), celui-ci n'a jamais été autant à la mode sur les campus.

Déconstruction, intersectionnalité, et retour de la race

Sur les murs de la Sorbonne (Paris-VIII) on ne lit plus des slogans appelant à la révolution et à la liberté mais : « Mort aux Blancs » et « Femmes, voilez-vous ! » À Sciences-Po, des étudiantes organisent un « Hijab-Day », invitant les élèves à se couvrir les cheveux pour « sensibiliser sur la question du foulard en France ». Des étudiants en journalisme réclament « des formations au traitement journalistique des discriminations de genre, d'orientation sexuelle ou de race »[1].

La progression de la pensée postcoloniale est notamment visible à travers l'usage désormais répandu dans la vulgate militante de concepts et valeurs diamétralement opposés au vieux narratif de l'antiracisme universaliste. Celui-ci connut son heure de gloire dans les années 1980, où triomphaient la petite main jaune et le multiculturalisme heureux, version United Colors of Benetton. Le cosmopolitisme laisse désormais place au tribalisme. L'« antiracisme moral » sauce SOS Racisme est d'ailleurs honni et combattu par les militants d'un « antiracisme politique » qui reproche au premier ses échecs, attribués à une trop grande culture du compromis avec des institutions gangrenées par une mentalité coloniale qu'il convient de déconstruire.

1. « Étudiant·e·s en journalisme, nous demandons des mesures contre le harcèlement dans la profession », *Libération*, 14 février 2019.

« Privilège blanc », « racisés », « intersectionnalité » : parlez-vous la vulgate antiraciste ?

« Déconstruire » est le mot-clé du nouvel antiracisme. Il faut y voir là le legs de la *French Theory*, et notamment l'héritage de Foucault : toute norme est en réalité, non pas la sédimentation d'un fait majoritaire, mais une construction sociale au service des dominants.

Aussi l'universalisme (républicain) est-il dénoncé comme un différencialisme déguisé permettant en réalité la domination d'un groupe d'individus (les Blancs) sur les autres (les minorités). Ce qui permet de ne plus parler du racisme comme d'une disposition morale malfaisante des individus à combattre (la permanence du préjugé), mais comme d'une composante structurelle et organisée des sociétés occidentales : on parle désormais de « racisme systémique », ou de « privilège blanc ». Signe de la pénétration de ces théories : selon un sondage Ifop du 19 juin 2020, 32 % des Français interrogés estimaient que la notion de « privilège blanc » correspondait à une réalité. Le président Emmanuel Macron a lui-même reconnu celui-ci comme un « fait » dans un interview à *L'Express* en décembre 2020.

Ce nouvel antiracisme postule une frontière infranchissable entre « alliés » – quelle que soit leur bonne volonté – et concernés. Aussi les « dominés » (femmes, ou membres de minorités sexuelles et raciales) ont-ils un droit à la parole privilégié sur la cause qui les concerne. Ainsi un homme ne pourra s'exprimer au nom des femmes, ni un Blanc au nom des Noirs et des Arabes. Fini le « Touche pas à mon pote », jugé paternaliste. Cette barrière dressée entre les victimes et les autres, qui nie la distinction entre le « témoignage » et l'analyse aboutit notamment à la généralisation des

« réunions en non-mixité » et autres « safe spaces » au sein des universités, des endroits où les membres de minorités peuvent se retrouver entre eux et d'où sont exclus ceux qui appartiennent au camp des dominants, les Blancs mâles hétérosexuels.

La notion d'« intersectionnalité » des luttes est centrale. Ce concept jargonnant a été inventé par l'afro-féministe américaine Kimberlé Williams Crenshaw en 1989 pour désigner la double discrimination sexiste et raciste que subissaient les femmes noires. Élargie, l'intersectionnalité désigne l'idée d'une articulation des luttes entre dominés (femmes, minorités, LGBT) contre un même ennemi : le patriarcat blanc « hétéronormé ». Le vocabulaire de la « domination » issu de la vulgate bourdieuso-foucaldienne a pris le pas sur le vocabulaire marxiste de l'« exploitation », l'« inclusion » remplace l'« exploitation ». La « race » bannie sous sa forme biologique est ainsi réintroduite comme un concept sociologique, car, comme l'explique le sociologue Éric Fassin : « Si les racistes croient à l'existence des races au pluriel (blanche, noire, juive, etc.), les antiracistes nomment la race au singulier, pour dénoncer le mécanisme social d'assignation à une différence hiérarchisée. » C'est ainsi qu'on parle désormais de « racisés », ce terme désignant une racialisation passive et pourtant revendiquée. Dans son émission « Kiffe ta race », la polémiste Rokhaya Diallo, promotrice des thèses décoloniales en France, demande à chacun de ses invités de « se situer sur le plan racial » afin de savoir « d'où il parle ».

Cette pensée décoloniale, autrefois réservée à des franges marginales, progresse dans le débat public français. Les témoignages de sa diffusion dans les universités françaises sont nombreux et documentés. Celui du jeune

Eliott Savy, qui étudie les sciences sociales à l'université Lyon-II, est éloquent. Il a témoigné dans *Le Progrès*, puis au FigaroVox sur les dérives constatées dans certains de ses cours, où la sociologie cédait largement le pas au militantisme. Par exemple, dans son cours « Sociologie des mobilisations collectives », on lui a dispensé un texte sur la mort de Rémi Fraisse, jeune militant écologiste tué par une grenade lors d'une manifestation contre le barrage de Sivens, et fait étudier l'activisme des Black Lives Matters, mouvement américain pour la défense des Noirs, mais aussi le « féminisme islamique ». « Même les cours les plus anodins ne sont pas exempts d'une orientation politique. Ce qui m'a gêné, c'est l'orientation systématique de tous les sujets vers du néocolonialisme, de l'étude de genre, du féminisme intersectionnel et autres sujets venus des États-Unis et qui ne peuvent résumer à eux seuls le débat intellectuel en science politique », déclare le jeune homme[1].

En avril 2018, à l'occasion du blocage de la fac de Nanterre, une conférence est organisée ayant pour thème : « Les mouvements sociaux et la question de la race : les angles morts de la gauche blanche ». L'un des conférenciers, Max Fraisier-Roux, qui se définit comme un « antiraciste politique et décolonial », affiche clairement son objectif : « Que de nouvelles idées venant mettre à mal le conservatisme, l'état actuel de la société, fasse [*sic*] leur chemin, et ce, dans les lieux de savoir[2]. »

1. « À Lyon-II, un étudiant dénonce une obsession pour les questions de genre et de race », FigaroVox, 20 septembre 2019.
2. « Quand l'université de Nanterre accueille une conférence contre "l'impérialisme gay" », *Marianne*, 27 avril 2018.

En juin 2018, c'est un colloque, « Approches phénoménologiques du genre et de la race. Penser les oppressions et les résistances », qui est organisé à l'université Paris-I Panthéon-Sorbonne. En octobre de la même année, la députée de la France insoumise Danièle Obono, qui appelle « camarade » la fondatrice du parti des Indigènes de la République Houria Bouteldja, est nommée au conseil d'administration de l'UFR (Unité de formation et de recherche) de science politique de cette même université. À Paris-VIII, le département d'études de genre est l'un des piliers de l'université. Des masters « études culturelles » (*cultural studies*) existent à l'université Paul-Valéry de Montpellier, ainsi qu'à Bordeaux-Montaigne. À Paris-III, il existe un master « Médias, genre et *cultural studies* ». La journaliste du *Point,* Anna Breteau, s'y est plongée en immersion, et en a tiré une remarquable série journalistique, « Dérives à la Sorbonne », témoignage accablant de l'omniprésence de ces sujets au cœur des facultés hexagonales.

Un vent venu d'Amérique ?

Ce qui est en train d'arriver dans les universités françaises n'est qu'un pâle reflet de la réalité quotidienne des campus américains, où la « dictature des identités[1] » fait rage. L'expression « politique des identités » est apparue en 1977 pour la première fois dans une déclaration d'un groupe d'Afro-Américaines lesbiennes,

1. Selon une expression de Laurent Dubreuil.

puis ce vocabulaire s'est répandu dans les années 1980 en parallèle de l'émergence des *subaltern studies* («études des dominés») sur les campus. La politique de l'identité suscite alors une vague de contre-argumentation solide dans les années 1990 qui semble occasionner son reflux. Las, la révolution technologique et notre système de télécommunication permanente, qui permettent le cloisonnement des identités et la mobilisation rapide d'une communauté prompte à s'indigner, ont catalysé la propagation du dogme identitaire malgré sa faiblesse théorique. Il est désormais devenu hégémonique sur les campus. Il peut prendre une dimension totalitaire, comme sur le campus d'Evergreen dans l'État de Washington, où la mise en place d'un «comité d'éthique» par la direction en 2015 a dégénéré en véritable terreur progressiste. Les professeurs ont été humiliés dans des scènes d'autocritique, hués et empêchés de se défendre d'accusations de racisme par des étudiants fanatisés. Une journée d'absence, où les Blancs de l'université étaient invités à rester chez eux (pour mieux visibiliser les minorités), a été organisée : un professeur, Brett Weinstein, a refusé, expliquant qu'il était impossible de se prétendre antiraciste et d'empêcher une catégorie de la population de se rendre sur le campus en raison de sa couleur de peau. Il a dû démissionner. L'affaire a pris une tournure nationale, devenant le symbole des dérives du politiquement correct, et a même donné lieu à des auditions au Congrès.

En France, nous sommes encore loin de la folie d'Evergreen. Mais les *post-colonial studies* colonisent de plus en plus le débat public. Elles se sont popularisées à partir des émeutes de banlieue de 2005, qui ont été lues pour la première fois, non plus comme le fruit d'une misère sociale mais comme une irruption du refoulé colonial. Le manifeste « Nous sommes les Indigènes de la République », qui donnera naissance au collectif du même nom présidé par Houria Bouteldja, paraît le 16 janvier 2005. Il proclame que : « La France a été [et] reste un État colonial », si bien que « la décolonisation de la République reste à l'ordre du jour ». « Les idées postcoloniales prospèrent désormais en France », remarque déjà le directeur de recherche Jean-François Bayart dans un livre paru en 2010.

Malgré ces indéniables succès, dans les milieux mêmes qui en font la promotion, il est de bon ton de fustiger le « retard » qu'aurait pris la France en ce domaine, dû à un « provincialisme » et un conservatisme supposés de l'université hexagonale. Exemple : ce professeur de Paris-III, cité par la journaliste Anna Breteau dans son enquête d'infiltration au sein du master *cultural studies* de l'université : « On en parle, on en parle, mais il y a un freinage en France, notamment à cause de cette idéologie universaliste républicaniste[1]. » Ainsi, l'un des principaux promoteurs de ces thèses en France, le sociologue Éric Fassin, se réjouissait en juin 2020 que, tout comme l'affaire DSK avait été le signal de la « fin de l'exception sexuelle » française (*i.e.* la tolérance française pour le harcèlement sexuel), les manifestations ayant suivi la mort de George Floyd signeraient la fin de l'« exception raciale » française, c'est-à-dire le refus de

1. Anna Breteau, « Dérives à la Sorbonne #4 – D'où parles-tu, camarade ? », *Le Point*, 11 février 2020.

la France de considérer la question raciale comme déterminante, ce que les décoloniaux appellent notre «*color-blindness*» (aveuglement aux couleurs). «Ce miroir transatlantique nous renvoie aujourd'hui notre image», décrétait le sociologue, qui se félicitait donc que la race revienne enfin dans le débat public.

Exportation française ou importation américaine?

Pourtant, il serait un peu trop rapide de juger l'essor de la pensée coloniale comme une simple «importation» américaine. À bien des égards, le postcolonialisme et la remise en question de l'universalisme puisent aussi leurs racines en France. Dans *Les Études postcoloniales, un carnaval académique*, Jean-François Bayart rappelle à juste titre qu'à bien des égards la déconstruction du colonialisme puise ses sources dans la pensée française, qu'il s'agisse des penseurs anticoloniaux de langue française, Sartre, Césaire, Fanon ou Senghor, ou des intellectuels de ladite *French Theory*, Deleuze, Foucault, Derrida, qui ont largement inspiré les *cultural studies* sur les campus américains dans les années 1970. Jean-François Bayart voit dans cette dénonciation d'un retard français «une forme de coquetterie à mi-chemin du snobisme américanophile et du masochisme hexagonal; une façon de réinventer la figure pourtant bien française de l'intellectuel engagé dans de justes luttes».

Et en effet, par une ruse de l'histoire, la pensée de la déconstruction (ou *French Theory*), qui a connu un immense succès dans les départements «*humanities*» des campus américains dans les années 1980, nous revient aujourd'hui sous forme de boomerang. Lancé par Edward Saïd et son ouvrage fondateur *L'Orientalisme* en 1978, le post-colonialisme, qui ambitionne de déconstruire l'héritage culturel laissé par la colonisation, n'a cessé depuis de progresser au sein des sciences sociales occidentales. Les *cultural studies* postulent le refus d'une hiérarchisation entre les cultures et les objets culturels, soutient que la culture ne saurait se réduire aux œuvres classiques et entreprend de « décentrer l'Occident » au sein même de celui-ci.

Comme le rappelle la chercheuse au CNRS Stéphanie Roza, dans *La Gauche contre les Lumières* (Fayard), la pensée critique française a joué un rôle majeur dans cette volte-face historique. La destruction de toute norme commune, devenue l'ambition des sciences sociales, a participé au démantèlement de l'héritage universaliste des Lumières, pourtant fondateur dans l'ADN émancipateur de la gauche, et dont la critique était autrefois réservée aux cercles conservateurs, voire réactionnaires. L'historienne met notamment en évidence le rôle clé qu'a joué le philosophe Michel Foucault dans cette entreprise de démolition : « L'opposition foucaldienne à l'héritage des Lumières est une donnée fondamentale de sa pensée », écrit Roza. L'auteur de *Surveiller et Punir* voyait notamment dans les Lumières pénales le moment de l'institutionnalisation pénitentiaire. Dans ce sillage, les *postcolonial studies* dénoncent l'ethnocentrisme des Lumières, paravent de la domination blanche. D'ailleurs les défenseurs des Lumières et de l'universalisme sont eux-mêmes taxés de « conservateurs » (voir chapitre « Le tiers-parti intellectuel »).

De même, il y a déjà chez le Sartre anticolonial toute la radicalité dans laquelle pourront puiser les militants du nouvel antiracisme. Ainsi dans sa préface à l'*Anthologie de la nouvelle poésie nègre et malgache de langue française*, de Léopold Sédar Senghor, il proclame la nécessité dialectique de l'instauration d'un « racisme » transitoire, pour permettre l'émancipation des dominés, un peu à la façon de la « dictature du prolétariat » dans le logiciel marxiste : « Ce racisme antiraciste est le seul chemin qui puisse mener à l'abolition des différences de race. » C'est exactement le programme des décoloniaux contemporains. Dans sa préface aux *Damnés de la Terre* de Frantz Fanon, Sartre écrit également ce passage célèbre : « Abattre un Européen, c'est faire d'une pierre deux coups, supprimer en même temps un oppresseur et un opprimé : restent un homme mort et un homme libre. » Phrase extraordinairement violente, mais qui ne va pas assez loin selon l'intellectuelle organique de l'indigénisme Houria Bouteldja qui écrit dans *Les Blancs, les Juifs et nous* : « Pour exterminer le Blanc qui le torture, il aurait fallu que Sartre écrive : "Abattre un Israélien, c'est faire d'une pierre deux coups, supprimer en même temps un oppresseur et un opprimé : restent un homme mort et un homme libre." Se résoudre à la défaite ou à la mort de l'oppresseur, fût-il juif. C'est le pas que Sartre n'a pas su franchir. C'est là sa faillite. Malgré toute sa bonne volonté, Sartre reste trop blanc pour les décoloniaux en n'incluant pas la figure de l'Israélien dans sa haine anticoloniale.

Résistance française

« Les décoloniaux, que cela plaise ou irrite, ont une vraie ambition intellectuelle. Ils ont bâti un corpus idéologique qui, pour n'être pas sans failles, raccourcis, approximations et impasses, n'en présente pas moins une certaine cohérence », résume l'ex-délégué interministériel à la lutte contre le racisme et l'antisémitisme, Gilles Clavreul[1]. En effet, cette lame de fond intellectuelle puissante séduit par son systématisme. Elle permet d'offrir une vision du monde de rechange à une gauche universitaire orpheline d'un marxisme en déshérence. Elle offre les attraits d'une radicalité militante à une jeunesse dégoûtée par les échecs de la social-démocratie. L'autoflagellation du « Blanc » permet à la jeunesse bourgeoise de s'offrir à peu de frais les bienfaits du *virtue signaling* (exhibition de vertu) déjà moquée par l'écrivain Tom Wolfe en 1970 lorsqu'il inventait le terme « radical-chic » pour désigner la tendresse bienveillante de la bourgeoisie américaine démocrate pour la violence des Black Panthers[2].

1. Radiographie de la mouvance décoloniale, note de Gilles Clavreul pour la fondation Jean-Jaurès, https://jean-jaures.org/nos-productions/radiographie-de-la-mouvance-decoloniale-entre-influence-culturelle-et-tentations.

2. Dans son fameux essai, *Radical Chic*, Wolfe fait la satire d'une soirée organisée par le compositeur Leonard Bernstein pour lever des fonds pour le mouvement des Black Panthers.

La France pourtant résiste. Si les études de genre, désormais omniprésentes dans les facultés et jusqu'aux grandes écoles, ne sont pas vraiment contestées, sauf par une minorité conservatrice dont on a vu qu'elle était marginalisée à l'université, les études postcoloniales, elles, suscitent une vaste opposition au sein de l'intelligentsia française.

Les penseurs décoloniaux en France ne sont pas si nombreux. On peut citer, entre autres, la porte-parole des Indigènes de la République Houria Bouteldja, qui se définit comme « anti-impérialiste et antisioniste », le directeur de recherche au CNRS François Burgat, soutien fidèle de Tariq Ramadan, Pascal Blanchard, auteur de *La Fracture coloniale*, la chercheuse en « *French diaspora studies* » [*sic*], Maboula Soumahoro, ou encore le sociologue Éric Fassin, directeur du département d'études de genre à Paris-VIII. Si leur force d'intimidation est réelle et inquiétante, ils restent minoritaires, et fortement critiqués par la majeure partie de l'intelligentsia. Ainsi dans une tribune parue dans *Le Point* en novembre 2018, quatre-vingts intellectuels (appartenant pour la plupart au tiers-parti intellectuel, comme Mona Ozouf, Jean-Claude Michéa, Alain Finkielkraut, Élisabeth Badinter, Pierre Nora, Jean-Pierre Le Goff) dénonçaient dans le « décolonialisme » une stratégie hégémonique. Ils y fustigeaient « ces mouvances [qui] se livrent depuis plusieurs années à un détournement des combats pour l'émancipation individuelle et la liberté, au profit d'objectifs qui leur sont opposés et qui attaquent frontalement l'universalisme républicain : racialisme, différentialisme, ségrégationnisme ». En islamologie, les chercheurs Gilles Kepel et

Bertrand Rougier ont dénoncé le discours des militants décoloniaux et la manière dont ils sapent les fondements du pacte républicain.

Cependant, la critique de la pensée décoloniale n'est pas le fait en France que de personnalités laïques et républicaines, appartenant à cette sphère vite qualifiée de « néoréactionnaire » : elle est aussi relayée par des universitaires situés très à gauche sur l'échiquier intellectuel. En effet, il semble que le front anti-postcolonial soit une spécificité française, là où, dans les universités anglo-saxonnes, leur critique est très marginale (on peut citer le cas minoritaire du philosophe Mark Lilla qui ferraille contre la « gauche identitaire » aux États-Unis). En France, le double héritage de l'universalisme des Lumières et de la République semble prémunir, pour l'instant, une large partie de l'intelligentsia de la tentation des *cultural studies*.

Ainsi, l'historien, proche de la France insoumise, Gérard Noiriel affirme-t-il, dans un article qui a fait grand bruit, que « le concept d'"intersectionnalité" qui permet selon Éric Fassin de "penser l'articulation du sexe, de la race et de la classe" est à [ses] yeux une régression par rapport aux principes fondateurs de la sociologie[1] ». Son reproche essentiel est en effet que les idées portées par le postcolonialisme détournent la gauche des enjeux sociaux. Selon lui, les intellectuels postcoloniaux, « surtout préoccupés par les discriminations liées au genre et à la race, ont rajouté tardivement la classe, mais

1. « Réflexions sur "la gauche identitaire" », article sur le blog « Le populaire dans tous ses états » de Gérard Noiriel, publié le 29 octobre 2018.

sans en faire un véritable enjeu de luttes». Dans *Histoire populaire de la France*, il s'en prend même aux «porte-parole des minorités [...] qui ont contribué à marginaliser l'histoire des classes populaires».

L'historien officiel de l'Algérie française, Benjamin Stora lui-même, s'étonne de la radicalité de certains chercheurs. «Dans notre pays, nous avons peu de professeurs spécialistes de l'histoire de la décolonisation. Du coup, le sujet est préempté par de jeunes doctorants en sociologie ou en science politique, parfois très dogmatiques[1].»

Comme le souligne Jean-François Bayart, il ne faut pas «interdire de se demander si la recherche française n'a pas de bonnes raisons de ne pas s'approprier un courant de pensée qui a fait fureur outre-Atlantique ou Manche sans que ses vertus heuristiques soient forcément démontrées».

L'intimidation décoloniale est puissante. Portée par un réseau de professeurs d'extrême gauche solidement implanté à l'université, qui coopte et promeut selon ses critères, elle a de beaux jours devant elle et prospère dans les jeunes générations.

Dans *La Trahison des clercs*, publié en 1927, en plein entre-deux-guerres, le philosophe Julien Benda, figure majeure de la gauche antifasciste de l'époque, s'élevait contre la tentation des intellectuels d'abdiquer les valeurs universelles de justice, vérité et raison au profit de causes particulières et d'idéologies. Il visait particulièrement le nationalisme de Barrès et de Maurras,

1. Cité dans : «Menace décoloniale à l'université», *L'Obs*, 6 décembre 2018.

mais aussi le matérialisme historique communiste. Condamnant avec une sévérité arrogante les passions politiques, il plaidait pour le rationalisme contre l'exaltation du singulier, du pathétique de l'existentiel. L'authentique clerc, selon Benda, était celui qui consacre toute son intelligence à des valeurs abstraites et universelles. Près d'un siècle plus tard, que dirait Benda ? Ce n'est plus la droite nationaliste qui s'attaque à l'universalisme, mais une nouvelle « gauche identitaire » qui a troqué le matérialisme historique pour la dialectique raciale et prétend liquider l'héritage des Lumières.

Épilogue

L'adieu à la vérité

Évoquant à la fin de son livre, *Le Siècle des intellectuels* (1997), la figure tutélaire de Raymond Aron, Michel Winock dressait ainsi le nouveau modèle de l'intellectuel comme « spectateur engagé » : « Morale sans moralisme, engagement sans aveuglement, volonté de préférer le réel à l'imaginaire, modération affirmée… tout donne à penser que si le modèle aronien devait s'imposer, on pourrait assister à la fin des intellectuels, pris comme conscience collective de la société. » Le terme d'un siècle où les idéologies avaient joué un rôle majeur dans les événements laissait augurer une « fin de l'Histoire » où les intellectuels auraient perdu ce rôle d'agents du changement pour devenir les gardiens de la démocratie libérale. Vingt-trois ans après, ce pronostic ne s'est pas révélé prophétique : nous vivons le retour de l'intellectuel engagé et le beau rêve (l'utopie ?) d'un espace public où se confronteraient poliment des opinions légèrement divergentes s'est transformé en une arène où combattent impitoyablement des positions résolument antagonistes. Le débat a laissé place au combat. Pour le pire : le retour de l'anathème, la disqualification idéologique, le refus du pluralisme. Et pour le meilleur :

la passion de la dispute, l'impression que les idées changent à nouveau le monde, et la fin de certains tabous. «Toute discussion est le commencement d'une guerre», écrit Alain : la bataille des idées n'a jamais été un dîner de gala, la pensée n'est pas un hobby du dimanche mais engage les hommes dans ce qu'ils ont de plus profond, leur aspiration à la vérité.

Débat intellectuel et post-vérité

C'est en cela d'ailleurs que le cadre de la dispute intellectuelle a profondément changé : elle est désormais structuré par le deuil de la vérité. En 2016, année du Brexit et de l'élection de Donald Trump, l'expression «post-vérité» (*post-truth*) a été consacrée mot de l'année par le dictionnaire Oxford, qui définit ce concept comme «des circonstances dans lesquelles les faits objectifs ont moins d'influence pour modeler l'opinion publique que les appels à l'émotion et aux opinions personnelles». Les grands médias américains se plaisaient alors à relever un par un les innombrables mensonges ou déformations de la vérité du candidat Donald Trump. Pourtant, cela ne l'a pas empêché d'être largement élu en 2016. L'intelligentsia progressiste contemplait, consternée, le triomphe du démagogue, s'évertuant, à coups d'articles de *fact-checking* et d'imprécations morales, à stopper une marée à la petite cuillère.

Avant de se lamenter sur les mensonges des populistes et la montée du complotisme, peut-être faudrait-il s'interroger sur la responsabilité des intellectuels dans cette fragilisation de la vérité. Qui a déconstruit méthodiquement les institutions, sapé la notion d'autorité ? Qui a affirmé que « la vérité » n'existait pas et qu'il n'y avait que des subjectivités ? Qui a cherché, derrière les énoncés les plus banals, des structures de pouvoir cachées ? Qui a démantelé les plus simples évidences au nom de la lutte contre le préjugé ? Il n'y a pas de réalité, il n'y a que le langage, il n'y a pas de faits, il n'y a que des interprétations, le réalisme est réactionnaire : voilà ce qu'on enseigne depuis quarante ans dans les universités occidentales. « Si l'éloge postmoderne du mensonge n'a rien à enseigner aux populistes, il désarme leurs adversaires », écrit le philosophe italien Maurizio Ferraris dans *Post-vérité et autres énigmes*. « Le postmoderne voulait entonner un hymne à la liberté et il a entonné les trompettes de Trump. » À force de relativiser la vérité, d'en faire une antique métaphore dans les universités, la gauche postmoderne a préparé le terrain et permis l'avènement de monstres qu'elle est désormais impuissante à combattre.

Relativisme et intolérance

Comme l'a finement remarqué Allan Bloom dans son chef-d'œuvre *L'Âme désarmée*, le relativisme de la vérité est devenu le principe central de l'enseignement en Occident. « Le relativisme est nécessaire à l'ouverture d'esprit, et l'ouverture d'esprit est l'unique vertu que l'instruction primaire, depuis plus de cinquante ans, s'est fixé pour but de donner aux élèves. L'ouverture – et le relativisme qui en fait la seule position défendable face aux diverses prétentions à la vérité et aux diverses façons de vivre et de se comporter des êtres humains – est la grande idée de notre époque », écrit le philosophe conservateur.

C'est ce relativisme profondément intériorisé qui rend impossible tout débat. Comme l'explique le philosophe écossais Alasdair MacIntyre, dans *Après la vertu. Étude de théorie morale*, la notion libérale de « pluralisme » n'est qu'un masque superficiel servant à cacher l'état fragmentaire de notre morale. En effet, les concepts moraux que nous utilisons ne sont que des fragments de théories morales plus vastes, aujourd'hui disparues. Nous sommes aristocratiques quand il s'agit du sport, libéraux en matière de mœurs, chrétiens dans notre conception de la laïcité, égalitaristes en matière d'impôts, utilitaristes dans tout le reste. Comme le tabou dans la civilisation polynésienne, nos principes moraux sont inintelligibles car ils appartiennent à des contextualisations aujourd'hui périmées. Nous ne savons plus au juste pourquoi nous défendons les « droits de l'homme », puisque la métaphysique sur laquelle repose la dignité humaine a été démantelée. C'est la raison pour laquelle tout débat (dont on fait le propre même de la démocratie dans la civilisation libérale) apparaît aujourd'hui comme insoluble, car chacun des adversaires défend des présupposés incommensurables, appartenant à des traditions philosophiques différentes. Par exemple, dans un débat sur l'avortement, untel fera référence au caractère sacré de la vie, l'autre fera valoir le présupposé utilitariste selon lequel la douleur et le plaisir sont les seuls indicateurs de la morale. Le caractère interminable de la discussion est, selon MacIntyre, une conséquence de la théorie émotiviste du jugement moral (qui postule que les jugements moraux ne sont que l'émanation des émotions de celui qui les énonce), dont il étend largement les limites à toute la philosophie morale issue du projet des Lumières. Ce ne sont pas en réalité des *Weltanschauungen*, des visions du monde cohérentes, qui s'opposent mais des morceaux incomplets de morale.

Ainsi, le débat intellectuel contemporain est structuré par deux principes antagonistes : le relativisme et l'intolérance aux opinions d'autrui. La possibilité même d'un accès à la vérité a été soigneusement démantelée et, *en même temps*, chacun se croit détenteur de « sa vérité » qu'il assène de façon dogmatique dans le débat public, sans prêter une quelconque valeur aux jugements d'autrui. C'est là le nœud du problème.

Nous avons accompli le rêve nietzschéen de destruction des idoles. Le marteau de la critique a réduit en pièces le Vrai, le Beau, le Bien, et nous nous retrouvons hagards et tâtonnants à ramasser les morceaux brisés d'anciens idéaux. Certains de ces débris sont érigés en nouvelles divinités par des sectes ayant moins le souci de convaincre que celui de faire taire. Dans l'arène où s'affrontent les points de vue, ce n'est pas celui du plus fort qui l'emporte, mais celui du plus faible, du plus habile à faire valoir sa blessure narcissique aux grandes enchères de la victimisation. Chaque moi est dépositaire d'une sensibilité indémontrable et incommunicable. La bataille idéologique est gagnée par celui qui se plaint le plus fort. Il n'y a plus d'opinions, il n'y a que des ressentis, il n'y a plus de réel mais des interprétations. Dans ce grand foutoir des subjectivités, que peuvent encore les intellectuels ? Quand un tweet déclenche une guerre, qu'une image d'enfant noyé ouvre les frontières, que le sexe ou la couleur de peau comptent plus que le contenu d'une œuvre où d'un discours, la raison semble impuissante à guider l'Histoire.

Pourtant, malgré cette impuissance, je le crois, les intellectuels sont plus indispensables que jamais. Non pas pour constituer l'avant-garde qui débroussaille le chemin de l'Histoire, le flambeau qui éclaire les masses dans la révolution, mais pour tenter modestement d'apporter de la nuance là où règne le manichéisme, du doute là où règne un esprit critique ivre de sa puissance, de la raison là où règne l'émotion et de la conversation là où règne l'anathème.

« La civilisation est une conversation » (Roger Scruton)

Je voudrais terminer ce livre sur l'évocation d'un intellectuel non pas français, mais britannique, qui fut aussi un ami. Il nous a quittés en janvier 2020, fuyant à temps l'année des cataclysmes. Roger Scruton était un dandy, un homme libre et distingué qui aurait eu en horreur les masques et le couvre-feu.

Malgré ses cheveux blond-gris en bataille, ses tenues un peu débraillées, la manière qu'il avait de vous recevoir en chaussettes, parfois trouées, il y avait toujours chez lui quelque chose du chic anglais. Venant d'un milieu populaire (son père était instituteur et ses grands-parents ouvriers à Manchester), il s'était converti au conservatisme par amour de la beauté.

Dans sa ferme du Wiltshire, comté du sud-ouest de l'Angleterre, il aimait à pratiquer en cachette la chasse à courre, interdite par la gauche blairiste. Il aimait la reine, son pays, le vin et les femmes. Sa conversation était gaie, sautillante d'humour british. Roger Scruton incarnait un conservatisme joyeux, celui qui ne se définit pas par la conservation des acquis et des privilèges mais par la préservation et l'amour de la beauté du monde. Il pensait que la défense de l'environnement était une question dont devait se soucier la droite.

Pourquoi évoquer cette figure ? Roger Scruton me confiait admirer la France, qu'il voyait comme une terre de résistance au politiquement correct et aux dictatures de l'identité. Il regardait avec intérêt la nouvelle génération de jeunes conservateurs et s'illusionnait sans doute sur leur réelle influence. Il s'émerveillait de la vitalité intellectuelle de notre pays. Il aimait à dire que la civilisation était une conversation. Qu'elle était un échange, un réseau de fils patiemment tissés par les siècles, dans laquelle nous sommes engagés, et qui n'a pas de but déterminé. Une œuvre consciente et libre, qui n'a pas de fin mais un horizon : la recherche d'une vérité universelle que personne ne détient entièrement.

Restaurer les fils de cette conversation brisée, telle est la tâche, ô combien exigeante, de l'intellectuel du XXIe siècle.

Remerciements

Ces trois années d'enquête ont été l'occasion de rencontres passionnantes, d'échanges fructueux avec des intellectuels de tous bords. Je voudrais remercier ici ceux d'entre eux qui m'ont ouvert leur porte et ont accepté de me présenter leur vision du monde.

Merci à Michel De Jaeghere et Vincent Trémolet pour leurs conseils avisés et la subtilité de leur conversation qui ont profondément nourri ma réflexion.

Bibliographie

Sylviane Agacinski, *Journal interrompu, 24 janvier-25 mai 2002*, Seuil, 2002.

Dr Laurent Alexandre, *Jouissez jeunesse*, JC Lattès, 2020.

David Amiel et Ismaël Emelien, *Le progrès ne tombe pas du ciel*, Fayard, 2019.

Raymond Aron, *L'Opium des intellectuels*, Calmann-Lévy, 1955.

—, *Le Spectateur engagé*, entretiens avec Jean-Louis Missika et Dominique Wolton, Julliard, 1981.

Vincent Azouley et Patrick Boucheron (dir.), *Le mot qui tue. Une histoire des violences intellectuelles de l'Antiquité à nos jours*, Champ Vallon, 2009.

Élisabeth Badinter, *L'Amour en plus. Histoire de l'amour maternel, XVIIIe-XXe siècle*, Flammarion, 1980.

—, *Fausse Route*, Odile Jacob, 2003.

Maurice Bardèche, *Nuremberg ou la Terre promise*, Les Sept Couleurs, 1948 (ouvrage interdit à la vente).

—, *Louis-Ferdinand Céline*, La Table ronde, 1986.

Roland Barthes, *Mythologies*, Seuil, 1957.

—, *Leçon*, leçon inaugurale de la chaire de sémiologie littéraire du Collège de France, prononcée le 7 janvier 1977, Points Essais, 2015.

Christian Baudelot et Roger Establet, *Le niveau monte. Réfutation d'une vieille idée concernant la prétendue décadence de nos écoles*, Seuil, 1989.

Jean-François Bayart, *Les Études postcoloniales, un carnaval académique*, Karthala, 2010.

François-Xavier Bellamy, *Les Déshérités ou l'Urgence de transmettre*, Plon, 2014.

Julien Benda, *La Trahison des clercs*, Bernard Grasset, 1927.

William Blanc, Aurore Chéry et Christophe Naudin, *Les Historiens de garde. De Lorànt Deutsch à Patrick Buisson, la résurgence du roman national*, Inculte, 2013.

Pascal Blanchard, Nicolas Bance et Sandrine Lemaire (dir.), *La Fracture coloniale. La société française au prisme de l'héritage colonial*, La Découverte, 2005.

Allan Bloom, *L'Âme désarmée*, trad. de Paul Alexandre, Julliard, 1987.

Mathieu Bock-Côté, *Le Multiculturalisme comme religion politique*, éd. du Cerf, 2016.

—, *Le Nouveau Régime. Essai sur les enjeux démocratiques actuels*, Boréal, 2017.

Pascal Boniface, *Les Intellectuels faussaires. Le triomphe médiatique des experts en mensonge*, J.-C. Gawsewitch, 2011.

Dominique Borne, *Quelle histoire pour la France ?*, Gallimard, 2014.

Patrick Boucheron, *Ce que peut l'histoire*, Fayard, Collège de France, coll. « Leçons inaugurales du Collège de France », 2016.

Patrick Boucheron (dir.), *Histoire mondiale de la France*, Seuil, 2017.

Raymond Boudon, *Pourquoi les intellectuels n'aiment pas le libéralisme*, Odile Jacob, 2004.

—, *L'Inégalité des chances*, Armand Colin, 1973 ; nouv. éd. rev. et augm. 1994..

Pierre Bourdieu, *La Distinction*, éd. de Minuit, 1979.

—, *Contre-feux. Propos pour servir à la résistance contre l'invasion néo-libérale*, Liber, coll. « Raisons d'agir », 1998.

Pierre Bourdieu (dir.), *La Misère du monde*, Seuil, 1993.

Pierre Bourdieu et Jean-Claude Passeron, *Les Héritiers*, éd. de Minuit, 1964.

—, *La Reproduction*, éd. de Minuit, 1970.

François Bousquet, *Courage ! Manuel de guérilla culturelle*, La Nouvelle Librairie, 2019.

Houria Bouteldja, *Les Blancs, les Juifs et nous*, La Fabrique, 2016.

Emmanuel Brenner (pseud. de Georges Bensoussan, dir.), *Territoires perdus de la République*, Mille et une nuits, 2002.

Gérald Bronner, *La Démocratie des crédules*, PUF, 2013.

Gérald Bronner et Étienne Géhin, *Le Danger sociologique*, PUF, 2017.

Gaël Brustier, *À demain Gramsci*, éd. du Cerf, 2015.

Patrick Buisson, *La Cause du peuple*, Perrin, 2016 ; nouv. éd. rev. et augm. 2018.

Cécile Charlap, *La Fabrique de la ménopause*, CNRS éd., 2019.

Mona Chollet, *Sorcières, la puissance invaincue des femmes*, Zones, 2018.

Michel Clouscard, *Le Capitalisme de la séduction*, Éditions sociales, 1981.

Alice Coffin, *Le Génie lesbien*, Grasset, 2020.

Anastasia Colosimo, *Les Bûchers de la liberté*, Stock, 2016.

Comité invisible, *L'insurrection qui vient*, La Fabrique, 2007.

Muriel Darmon, *Classes préparatoires, la fabrique d'une élite dominante*, La Découverte, 2013.

Frédéric Debomy, *Finkielkraut, la pensée défaite*, Textuel, 2017.

Régis Debray, *La neige brûle*, Grasset, 1977.

—, *Le Pouvoir intellectuel en France*, Ramsay, 1979 ; nouv. éd. 1986.

—, *À demain de Gaulle*, Gallimard, 1990.

—, *I.F., suite et fin*, Gallimard, 2000.

—, *Mai 68, une contre-révolution réussie*, Mille et une nuits, 2008.

—, *Éloge des frontières*, Gallimard, 2010.

—, *Jeunesse du sacré*, Gallimard, 2011.

—, *D'un siècle l'autre*, Gallimard, 2020.

Loránt Deutsch, *Métronome*, Michel Lafon, 2009.

François Dosse, *La Saga des intellectuels français*, Gallimard, 2018.

Édouard Drumont, *La France juive*, Flammarion, 1886.

Georges Duby, *Le Temps des cathédrales*, Gallimard, 1976.

Didier Eribon, *Retour à Reims*, Fayard, 2009.

Didier Eribon, *Michel Foucault, 1926-1984*, Flammarion, 1989.

Annie Ernaux, *Les Années*, Gallimard, 2008.

Frantz Fanon, *Les Damnés de la Terre*, préface de Jean-Paul Sartre, François Maspero, 1961.

Maurizio Ferraris, *Postvérité et autres énigmes*, trad. Michel Orcel, PUF, 2019.

Luc Ferry et Alain Renaut, *La Pensée 68*, Gallimard, 1985.

Alain Finkielkraut, *La Défaite de la pensée*, Gallimard, 1987.

—, *La Querelle de l'école*, Stock, 2007.

—, *L'Identité malheureuse*, Stock, 2013.

Sébastien Fontenelle, *Les Briseurs de tabous. Intellectuels et journalistes « anticonformistes » au service de l'ordre dominant*, La Découverte, 2012.

Mark Fortier, *Mélancolies identitaires. Une année à lire Mathieu Bock-Côté*, Lux, 2019.

Michel Foucault, *Surveiller et Punir*, Gallimard, 1975.

—, *Dits et Écrits II, 1976-1988*, Gallimard, 2001.

—, *Les Mots et les Choses*, Gallimard, 1966.

Caroline Fourest, *Génération offensée*, Grasset, 2020.

Jérôme Fourquet, *L'Archipel français*, Seuil, 2019.

Abel François et Raul Magni-Berton, *Que pensent les penseurs ? Les opinions des universitaires et scientifiques français*, PUG, 2015.

Marcel Gauchet, *Le Désenchantement du monde*, Gallimard, 1985.

Aurélie Godefroy, *Toutes des sorcières : 60 rituels sacrés pour se reconnecter à sa puissance féminine*, Larousse, 2019.

Sylvain Gouguenheim, *Aristote au Mont-Saint-Michel*, Seuil, 2008.

Antonio Gramsci, *Cahiers de prison*, Gallimard, 1978-1996, 5 vol.

Christophe Guilluy, *Fractures françaises*, Bourin Éditeur, 2010.

—, *La France périphérique*, Flammarion, 2014.

—, *No Society*, Flammarion, 2018.

—, *Le Temps des gens ordinaires*, Flammarion, 2020.

Claude Habib, *Galanterie française*, Gallimard, 2006.

Serge Halimi, *Les Nouveaux Chiens de garde*, Liber, 1997 ; nouv. éd. augm. Raisons d'agir, 2005.

Hervé Hamon et Patrick Rotman, *Les Intellocrates*, Complexe, 1985.

Yuval Harari, *Sapiens, une brève histoire de l'humanité*, trad. Pierre-Emmanuel Dauzat, Albin Michel, 2015.

Pauline Harmange, *Moi les hommes, je les déteste*, Monstrograph, 2020.

Stéphane Hessel, *Indignez-vous !*, Indigène, 2010.

Jonathan Israel, *Idées révolutionnaires. Une histoire intellectuelle de la Révolution française*, trad. Marc-Olivier Bherer, Alma-Buchet-Chastel, 2019.

Jacques Julliard, *L'école est finie*, Flammarion, 2015.

Jacques Lacan, *Écrits*, Seuil, 1966.

Geoffroy de Lagasnerie, *La Dernière Leçon de Michel Foucault*, Fayard, 2012.

Mathieu Laine et Jean-Philippe Feldman, *Transformer la France. En finir avec mille ans de mal français*, Plon, 2018.

Christopher Lasch, *La Révolte des élites et la trahison de la démocratie*, trad. Christian Fournier, Climats, 1996.

Jean-Pierre Le Goff, *La France d'hier*, Flammarion, 2019.

François Lenglet, *Quoi qu'il en coûte*, Albin Michel, 2020.

Bernard-Henri Lévy, *La Barbarie à visage humain*, Grasset, 1977.

—, *Éloge des intellectuels*, Grasset, 1987.

Élisabeth Lévy, *La Gauche contre le réel*, Fayard, 2012.

Daniel Lindenberg, *Le Rappel à l'ordre. Enquête sur les nouveaux réactionnaires*, Seuil, 2002.

Édouard Louis, *En finir avec Eddy Bellegueule*, Seuil, 2014.

Édouard Louis (dir.), *Pierre Bourdieu. L'insoumission en héritage*, PUF, 2013.

Alasdair MacIntyre, *Après la vertu. Étude de théorie morale*, trad. Laurent Bury, PUF, 2006.

Pierre Manent, *Situation de la France*, Desclée de Brouwer, 2015.

—, *La Loi naturelle et les droits de l'homme*, PUF, 2018.

Jean-Claude Michéa, *Orwell, anarchiste tory*, Climats, 1995.

—, *L'Enseignement de l'ignorance et ses conditions modernes*, Climats, 1999.

—, *Impasse Adam Smith*, Climats, 2002.

—, *Le Complexe d'Orphée*, Climats, 2011.

—, *Les Mystères de la gauche*, Climats, 2013.
Paul Nizan, *Les Chiens de garde*, Rieder, 1932.
Gérard Noiriel, *Une histoire populaire de la France*, Agone, 2018.
—, *Le Venin dans la plume. Édouard Drumont, Éric Zemmour et la part sombre de la République*, La Découverte, 2019.
Pierre Nora, *Historien public*, Gallimard, 2011.
Pierre Nora (dir.), *Les Lieux de mémoire*, Gallimard, 1984.
Johan Norberg, *Non ce n'était pas mieux avant*, trad. Laurent Bury, Plon, 2017.
Michel Onfray, *Traité d'athéologie*, Grasset, 2005.
—, *Le Crépuscule d'une idole*, Grasset, 2010.
George Orwell, *1984*, trad. Amélie Audiberti, Gallimard, 1950.
Mona Ozouf, *Les Mots des femmes*, Fayard, 1995.
Jack Parker, *Witch Please. Grimoire de sorcellerie moderne*, J'ai lu, 2020.
Robert Paxton, *La France de Vichy*, trad. Claude Bertrand, Seuil, 1073.
Charles Péguy, *L'Argent*, Cahiers de la quinzaine, 1913.
Guillaume Perrault, *Conservateurs, soyez fiers !*, Plon, 2017.
Thomas Piketty, *Le Capital au XXI*e *siècle*, Seuil, 2013.
—, *Capital et Idéologie*, Seuil, 2019.
Steven Pinker, *La Part d'ange en nous*, trad. Daniel Mirsky, Les Arènes, 2017.
Edwy Plenel, *Pour les musulmans*, La Découverte, 2014 ; nouv. éd. rev. et augm. 2016.

Helen Pluckrose et James Lindsay, *Cynical Theories – How Activist Scholarship Made Everything about Race, Gender, and Identity—and Why This Harms Everybody*, Pitchstone Publishing, 2020.

Olivier Rey, *Une question de taille*, Stock, 2014.

Alain Renaut, *La Pensée 68*, Gallimard, 1988.

Jeremy Rifkin, *Le New Deal vert mondial*, trad. Cécile Dutheil de La Rochère, Les Liens qui libèrent, 2019.

Pierre Rosanvallon, *Notre histoire intellectuelle et politique – 1968-2018*, Seuil, 2018.

Frédéric Rouvillois, Olivier Dard et Christophe Boutin (dir.), *Le Dictionnaire du conservatisme*, éd. du Cerf, 2017.

Stéphanie Roza, *La Gauche contre les Lumières*, Fayard, 2020.

Edward Saïd, *L'Orientalisme*, trad. Catherine Malamoud, Seuil, 1980 ; nouv. éd. augm. 1997.

Jérôme Sainte-Marie, *Bloc contre bloc, la dynamique du macronisme*, éd. du Cerf, 2019.

Christian Salmon, *L'Ère du clash*, Fayard, 2019.

Jean-Paul Sartre, *Plaidoyer pour les intellectuels*, Gallimard, coll. « Idées », 1972.

Léopold Sédar Senghor, *Anthologie de la nouvelle poésie nègre et malgache de langue française*, préface de Jean-Paul Sartre, PUF, 1948.

Alan Sokal et Jean Bricmont, *Impostures intellectuelles*, Odile Jacob, 1997.

Alexandre Soljenitsyne, *L'Archipel du goulag*, Seuil, 1974.

Vanessa Springora, *Le Consentement*, Grasset, 2020.

Barbara Stiegler, « *Il faut s'adapter* ». *Sur un nouvel impératif politique*, Gallimard, 2019.

Joseph Stiglitz, *Peuple, pouvoir et profits*, trad. Paul Chemla, Les Liens qui libèrent, 2019.

Laetitia Strauch-Bonart, *Vous avez dit conservateur ?*, éd. du Cerf, 2016.

François Sureau, *Sans la liberté*, Tallandier, 2019.

Pierre Tevanian, *La Haine de la religion, opium du peuple de gauche*, La Découverte, 2013.

Alexis de Tocqueville, *L'Ancien Régime et la Révolution*, livre III, Gallimard, coll. « Folio », 1985.

Emmanuel Todd, *Les Luttes de classes en France au XXIe siècle*, Seuil, 2020.

Alain Touraine *et al.*, *Le Grand Refus*, Fayard, 1996.

Philippe de Villiers, *Le moment est venu de dire ce que j'ai vu*, Albin Michel, 2015,

Jean-Philippe Vincent, *Qu'est-ce que le conservatisme ?*, Les Belles Lettres, 2016.

Michel Winock, *Le Siècle des intellectuels*, Seuil, 1997 ; nouv. éd. rev. et augm. 1999.

Monique Wittig, *La Pensée straight*, Balland, 2001.

Tom Wolfe, « Radical Chic : That Party at Lenny's », *New York Magazine*, juin 1070 », repris in *Le Gauchisme de Park Avenue*, trad. Alexandra Giraud et Georges Magnane, Gallimard, coll. « Du monde entier », 1972.

Éric Zemmour, *Le Suicide français*, Albin Michel, 2014.

— , *Destin français*, Albin Michel, 2018.

Gabriel Zucman et Emmanuel Saez, *Le Triomphe de l'injustice. Richesse, évasion fiscale et démocratie*, trad. Cécile Deniard, Seuil, 2020.

Liste des personnes interrogées entre 2017 et 2020 par l'auteur

Sylviane Agacinski, philosophe
Olivier Babeau, essayiste
Nicolas Baverez, essayiste
Alain de Benoist, philosophe
Patrick Boucheron, historien
Rémi Brague, philosophe
Gérald Bronner, sociologue
Pascal Bruckner, écrivain
Régis Debray, écrivain
Chantal Delsol, philosophe
Raphael Enthoven, philosophe
Alain Finkielkraut, philosophe
Jérôme Fourquet, politologue
Marcel Gauchet, sociologue et philosophe
Patrice Gueniffey, historien
Christophe Guilluy, géographe
Nathalie Heinich, sociologue
Bernard Henri-Lévy, philosophe
Michel Houellebecq, écrivain
Jacques Julliard, historien
Jean-Pierre Le Goff, sociologue
Pierre Manent, philosophe
Pierre Nora, historien
Michel Onfray, philosophe
Mona Ozouf, historienne
Pierre Rosanvallon, historien et sociologue
Peggy Sastre, journaliste
François Sureau, écrivain
Paul Thibaud, philosophe

et EL ?
Geoffroy OC ?
D. Eribon ?

Table des matières

La photocomposition de cet ouvrage
a été réalisée par
GRAPHIC HAINAUT
30, rue Pierre Mathieu
59410 Anzin

MIXTE
Papier
FSC FSC® C003309

L'éditeur de cet ouvrage s'engage dans une démarche de certification FSC® qui contribue à la préservation des forêts pour les générations futures.

Pour en savoir plus :
www.editis.com/engagement-rse/

Imprimé en France par EPAC Technologies
N° d'impression : 4550414306721
Dépôt légal : mars 2021